漢字のふく習 1

# 漢字の広場 4年生で習っ

100点
/100

答え 99ページ

サクッとこたえあわせ

月　日

**1** 漢字の読みがなを書きましょう。　16点（一つ2）

① 本を 分類 する。（　　）

② 家具の 配置 を変える。（　　）

③ 案内図 を見る。（　　）

④ 悲願 を達成する。（　　）

⑤ 茨 の道を行く。（　　）

⑥ 会社で 働 く。（　　）

⑦ 太陽を 観察 する。（　　）

⑧ 相手の名前を 覚 える。（　　）

**2** あてはまる漢字を書きましょう。　32点（一つ4）

① □□（ようぼう）を言う。

② はさみを□（か）りる。

③ □□（べんり）な道具。

④ 行いを□□（はんせい）する。

⑤ □（はじ）めての出会い。

⑥ □□（しんねん）を持つ。

⑦ □□（えいよう）のある食事。

⑧ □□（きろく）を付ける。

教科書 70・112・131ページ

うらのページに続くよ！

**3 漢字の読みがなを書きましょう。** 20点（一つ2）

① お米がおいしい 新潟 県。（　　）
② 神奈川 県に引っこす。（　　）
③ 愛媛 県に立ちよる。（　　）
④ 博物館 を見て回る。（　　）
⑤ 浅 い川で水遊びをする。（　　）
⑥ 一人で 改札 を通る。（　　）
⑦ 昨夜 の出来事を語る。（　　）
⑧ 作品が 完成 する。（　　）
⑨ 作文の 課題 が出る。（　　）
⑩ かぜを 治 す。（　　）

**4 あてはまる漢字を書きましょう。** 32点（一つ4）

① ［みやぎ］県へ行く。
② ［しが］県のびわ湖。
③ ［なら］県の鹿。
④ ［ひゃっかてん］へ行く。
⑤ 新聞を［いんさつ］する。
⑥ ［かんしん］をいだく。
⑦ 工場の最新の［きかい］。
⑧ ［にっこうよく］をする。

きほんのドリル 2

# かんがえるのって おもしろい
## 銀色の裏地（うらじ）(1)

時間 15分　合格80点　／100

サクッとこたえあわせ　答え 99ページ

月　日

書いて覚えよう！

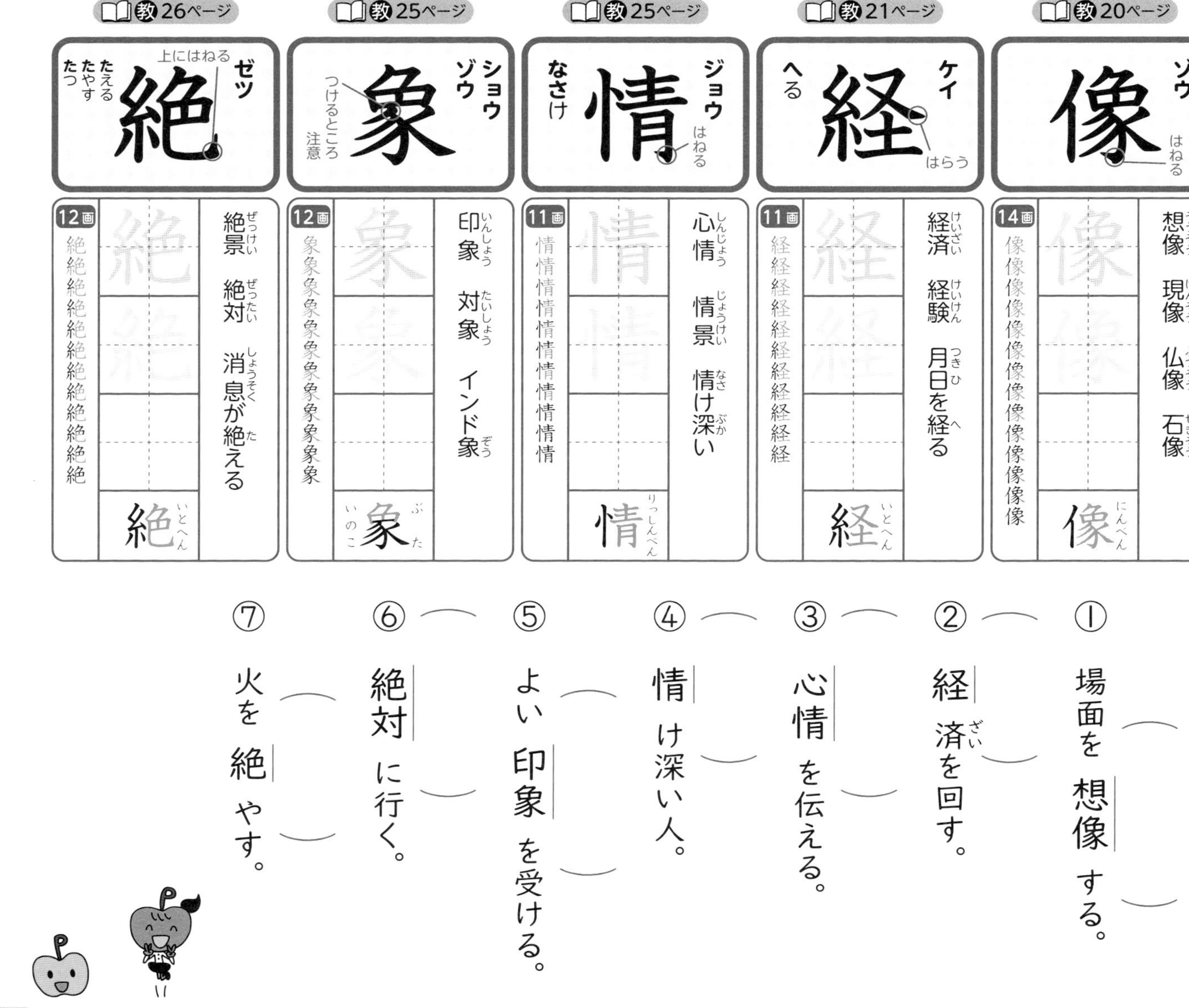

教 20ページ
像　ゾウ　（はねる）　14画　にんべん
想像（そうぞう）　現像（げんぞう）　仏像（ぶつぞう）　石像（せきぞう）

教 21ページ
経　ケイ　へる　（はらう）　11画　いとへん
経済（けいざい）　経験（けいけん）　月日（つきひ）を経（へ）る

教 25ページ
情　ジョウ　なさけ　（はねる）　11画　りっしんべん
心情（しんじょう）　情景（じょうけい）　情（なさ）け深（ぶか）い

教 25ページ
象　ショウ　ゾウ　（つけるところ注意）　12画　ぶた・いのこ
印象（いんしょう）　対象（たいしょう）　インド象（ぞう）

教 26ページ
絶　ゼツ　たえる　たやす　たつ　（上にはねる）　12画　いとへん
絶景（ぜっけい）　絶対（ぜったい）　消息（しょうそく）が絶（た）える

**1** 読みがなを書きましょう。 28点（一つ4）

① 場面を 想像 する。（　）
② 経 済（ざい）を回す。（　）
③ 心 情 を伝える。（　）
④ 情 け深い人。（　）
⑤ よい 印象 を受ける。（　）
⑥ 絶対 に行く。（　）
⑦ 火を 絶 やす。（　）

← うらのページに続くよ！

## 2 あてはまる漢字を書きましょう。

72点（一つ9）

① 大切にされている古い仏（ぶつ）［ぞう］を見学する。

② 今までの［けいけん］を生かして働く。

③ 長い年月を［へ］て、ようやく完成した。

④ 晴れやかな［ひょうじょう］の選手。

⑤ あまりのこわさに［なさ］けない声を出す。

⑥ 小学生を［たいしょう］とした本。

⑦ ［ぞう］の親子が平原を歩いていく。

⑧ 山頂（ちょう）からの［ぜっけい］に感動する。

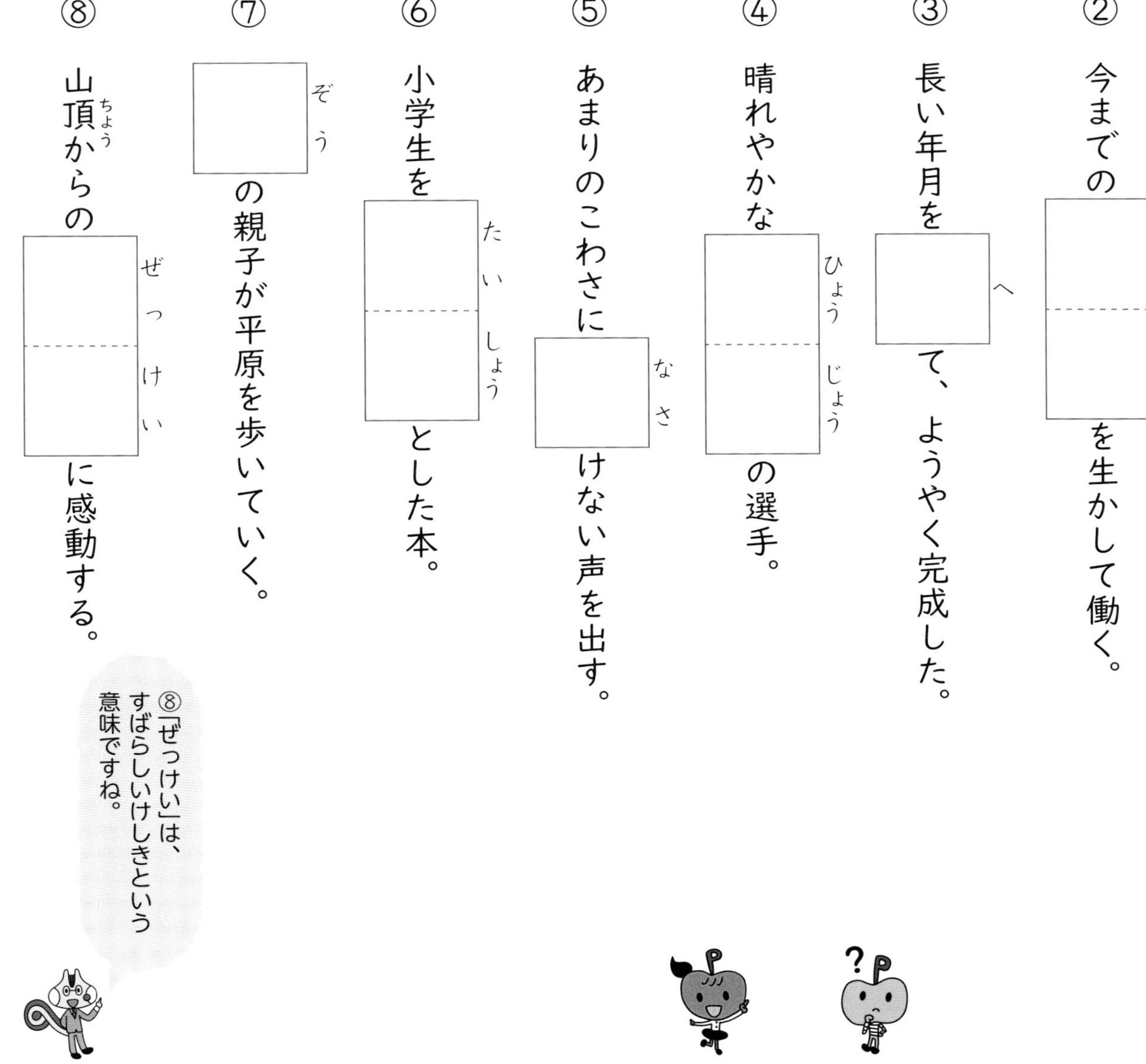


ヒント ２ ②「けい」、③「へる」は「径」と書かないように注意しましょう。

# 銀色の裏地（うら） (2)

## 書いて覚えよう！

**厚**（教28ページ）　あつい　はねる　9画
分厚（ぶあつ）い辞書（じしょ）　厚（あつ）い本（ほん）　厚紙（あつがみ）
厚（がんだれ）

**賞**（教28ページ）　ショウ　つける　15画
金賞（きんしょう）　入賞（にゅうしょう）　賞（しょう）を受（う）ける
賞（かい・こがい）

**状**（教28ページ）　ジョウ　とめる　7画
現状（げんじょう）　賞状（しょうじょう）　状態（じょうたい）
状（いぬ）

**喜**（教30ページ）　キ　よろこぶ　出ない　12画
喜劇（きげき）　勝利（しょうり）を喜（よろこ）ぶ
喜（くち）

**解**（教38ページ）　カイ　とく　とかす　とける　出ない　13画
理解（りかい）　解決（かいけつ）　問題（もんだい）を解（と）く
解（つのへん）

## 1 読みがなを書きましょう。

28点（一つ4）

① 厚い本を読む。（　　）

② 大会で入賞する。（　　）

③ 年賀状を書く。（　　）

④ 妹の喜ぶ顔。（　　）

⑤ 喜劇（げき）を見て笑う。（　　）

⑥ 話を理解する。（　　）

⑦ 問題を解く。（　　）

うらのページに続くよ！

教科書 25～38ページ

## ❷ あてはまる漢字を書きましょう。

72点(一つ9)

① 夏休みの工作に［あつがみ］を切って使う。

② 絵のコンクールで［きんしょう］をもらう。

③ チームの代表として［しょうじょう］を受け取る。

④ おばの［びょうじょう］が良くなり、安心する。

⑤ 転校した友達との再会(さい)を［よろこ］ぶ。

⑥ 試験に受かって［きしょくまんめん］だ。

⑦ 長い間なやんでいた問題が［かいけつ］する。

⑧ 固く結ばれたロープを［と］く。

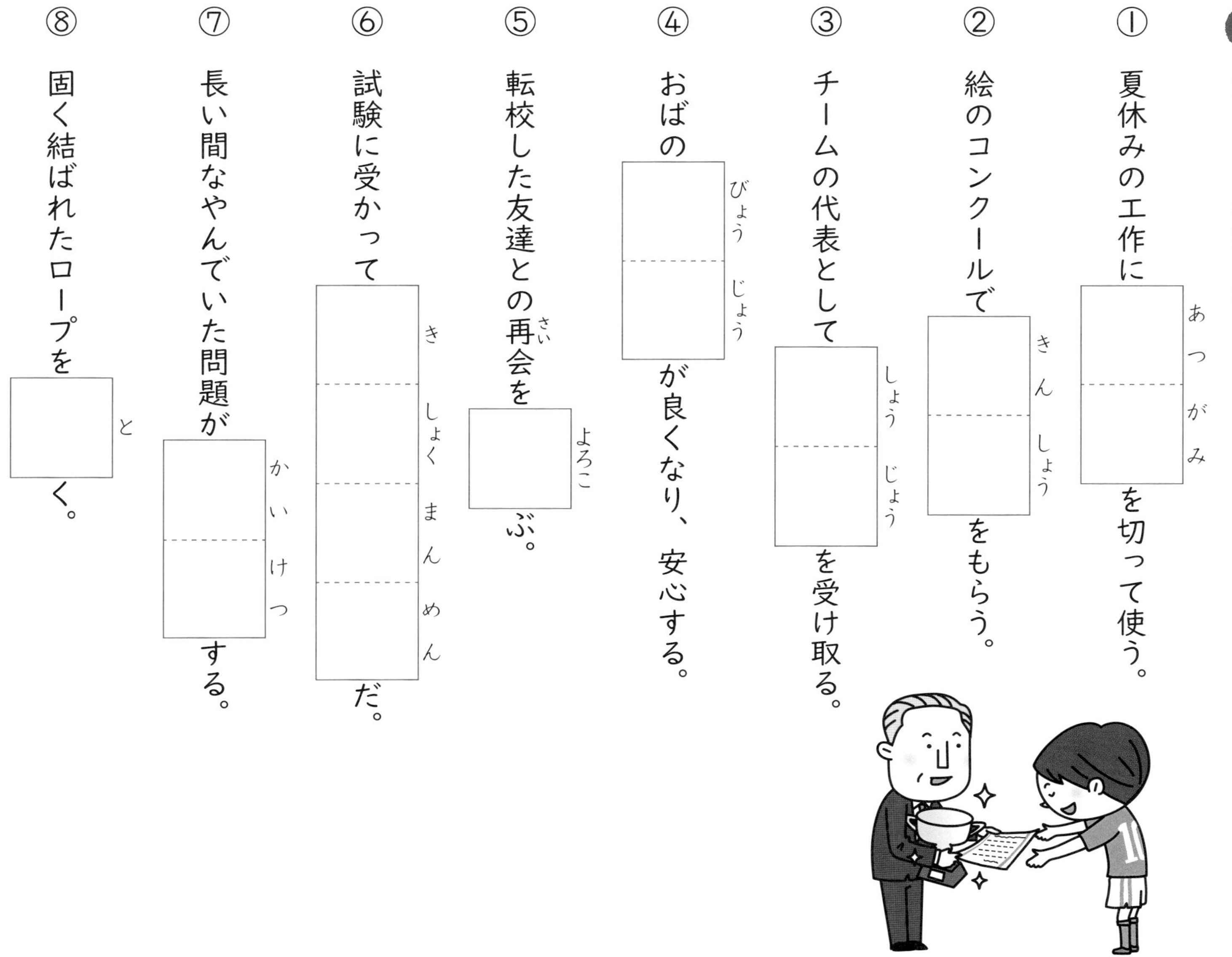

ヒント ❷ ⑥「きしょくまんめん」は、「よろこびやうれしさを、顔いっぱいに表すこと」。

# きほんのドリル 4。 図書館を使いこなそう (1)

時間 15分　合格80点　／100

答え 99ページ

月　日

## 書いて覚えよう！

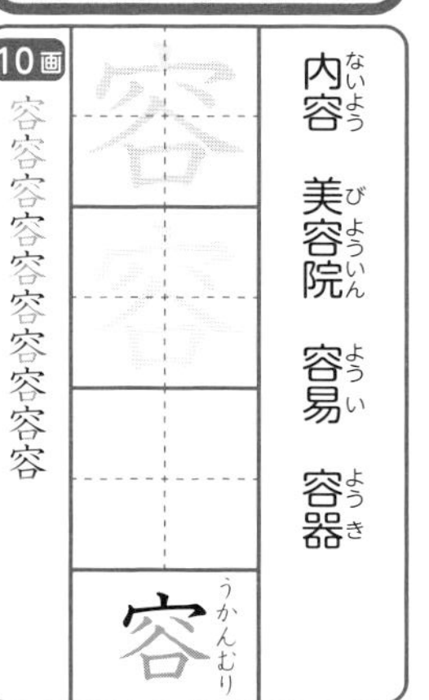

教40ページ
容（ヨウ）　たてに
10画　容容容容容容容容容容
内容（ないよう）　美容院（びよういん）　容易（ようい）　容器（ようき）
うかんむり

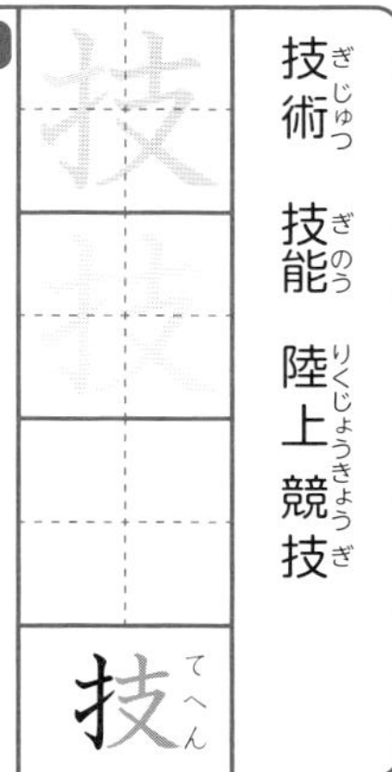

教40ページ
技（ギ）　はねる
7画　技技技技技技技
技術（ぎじゅつ）　技能（ぎのう）　陸上競技（りくじょうきょうぎ）
てへん

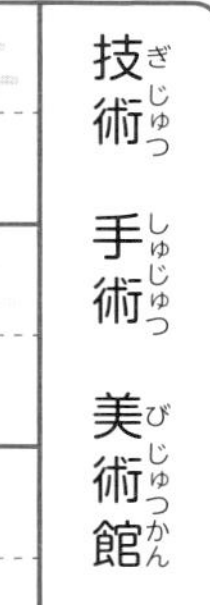

教40ページ
術（ジュツ）　とめる
11画　術術術術術術術術術術術
技術（ぎじゅつ）　手術（しゅじゅつ）　美術館（びじゅつかん）
ぎょうがまえ　ゆきがまえ

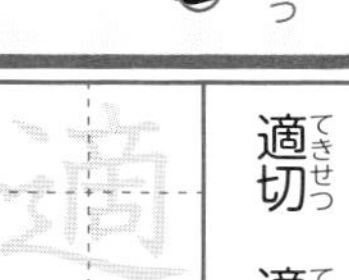

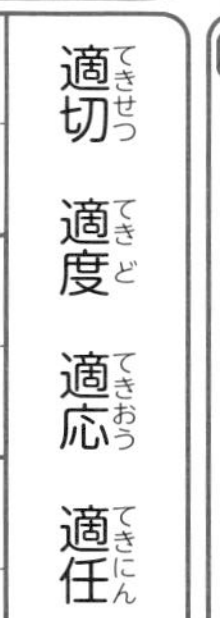

教40ページ
適（テキ）　はらう
14画　適適適適適適適適適適適適適適
適切（てきせつ）　適度（てきど）　適応（てきおう）　適任（てきにん）
しんにょう　しんにゅう

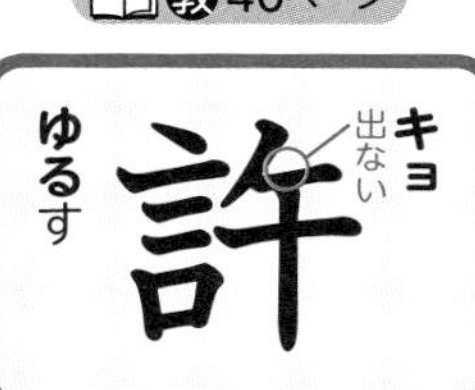

教40ページ
許（キョ）　ゆるす　出ない
11画　許許許許許許許許許許許
許可（きょか）　許容（きょよう）　失敗を許す（しっぱいをゆるす）
ごんべん

## 1 読みがなを書きましょう。 28点（一つ4）

① 記事の 内容（　　） を読む。

② 容器（　　） に水を入れる。

③ 技術（　　） が進歩する。

④ 手術（　　） が成功する。

⑤ 適切（　　） な意見。

⑥ 特許（　　） をとる。

⑦ あやまちを 許（　　） す。

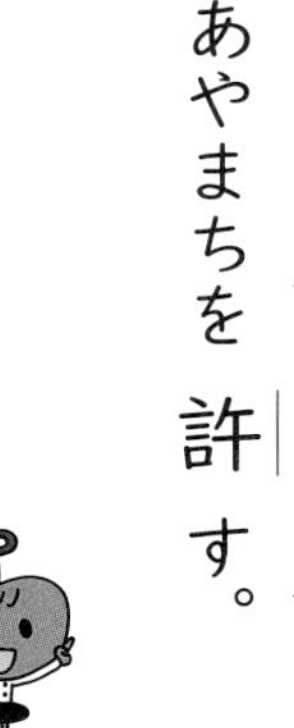

うらのページに続くよ！

## ❷ あてはまる漢字を書きましょう。

72点（一つ9）

① 手作りリースを［ようき］に入れる。

② 陸上［きょうぎ］ですばらしい成果を出す。

③ 姉が［とくぎ］のバイオリンをひいてくれる。

④ ［びじゅつかん］で名画を見て楽しむ。

⑤ 世界的に有名な［げいじゅつ］家の作品。

⑥ 運動不足に注意して、［てきど］に動く。

⑦ 三ミリ短くても［きょよう］のはんいだ。

⑧ 心を［ゆる］せる友人たちと出会う。

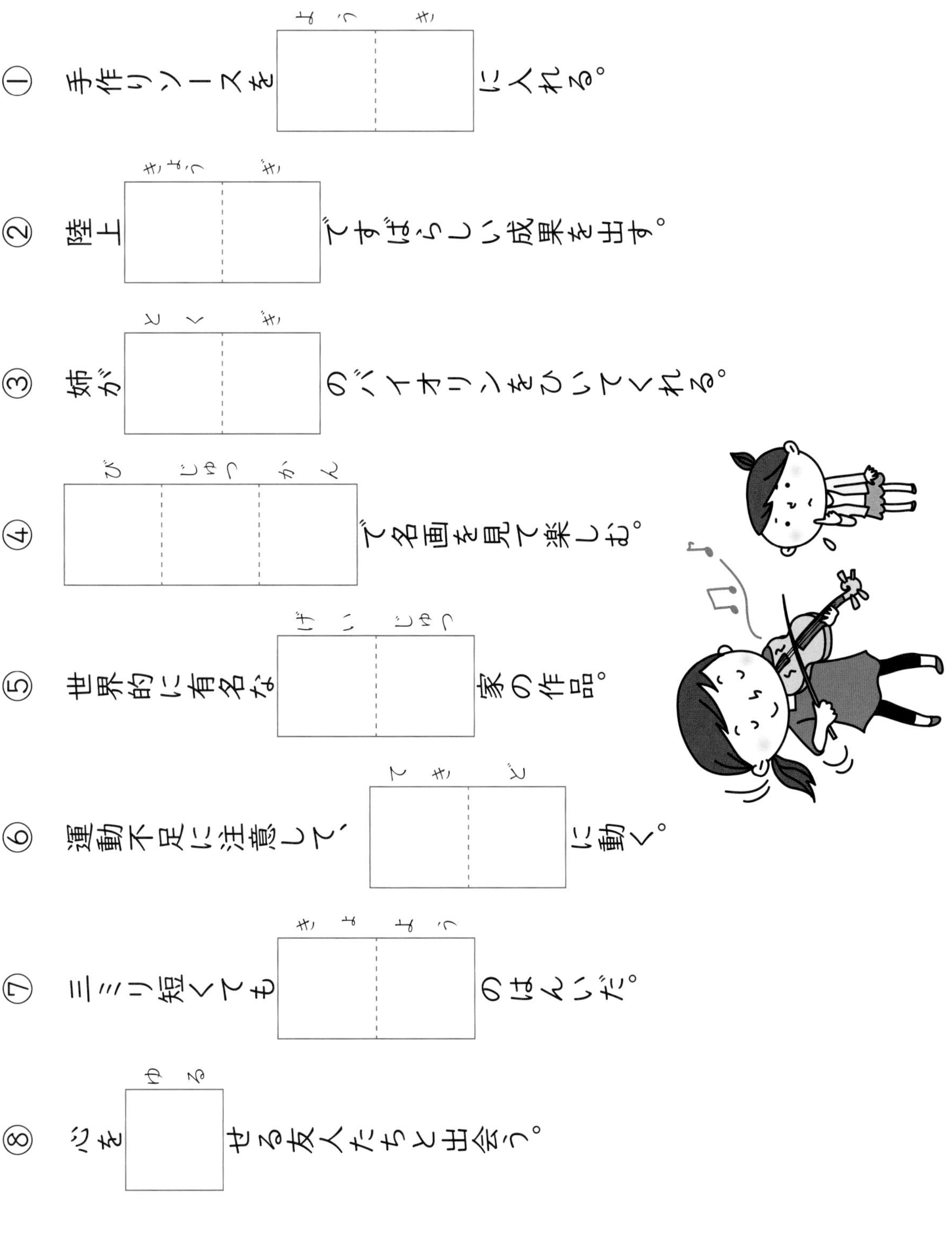

ヒント ❷ ⑦「きょ」、⑧「ゆるす」の「午」を「牛」と書かないように注意しましょう。

# きほんのドリル 5.

## 図書館を使いこなそう (2)
## 漢字の成り立ち (1)

時間 15分　合格80点　／100

答え 99ページ

月　日

### 書いて覚えよう！

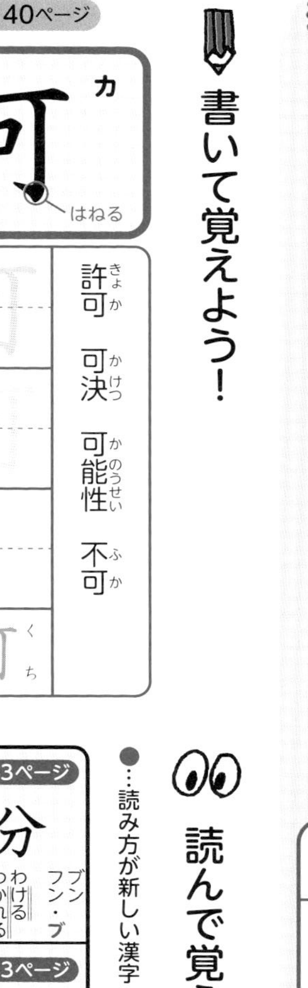

**可**（教40ページ）カ　はねる
5画　可可可可可
許可（きょか）　可決（かけつ）　可能性（かのうせい）　不可（ふか）
部首：口（くち）

**複**（教41ページ）フク　「ネ」としない
14画　複複複複複複複複複複複複複複
複数（ふくすう）　複雑（ふくざつ）　複合語（ふくごうご）
部首：衤（ころもへん）

**構**（教43ページ）コウ　かまえる　かまう　出る
14画　構構構構構構構構構構構構構構
構成（こうせい）　機構（きこう）　店を構える（みせをかまえる）
部首：木（きへん）

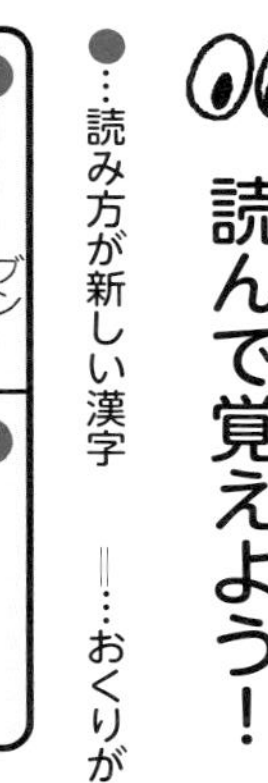

**桜**（教43ページ）さくら　とめる
10画　桜桜桜桜桜桜桜桜桜桜
桜の木（さくらのき）　桜草（さくらそう）　桜もち（さくらもち）
部首：木（きへん）

**銅**（教43ページ）ドウ　はねる
14画　銅銅銅銅銅銅銅銅銅銅銅銅銅銅
銅像（どうぞう）　銅貨（どうか）　金銀銅（きんぎんどう）　銅線（どうせん）
部首：金（かねへん）

### 読んで覚えよう！

●…読み方が新しい漢字　＝…おくりがな

**分**（教43ページ）ブン　フン・ブ　わ<u>ける</u>　わ<u>かれる</u>　わ<u>かる</u>　わ<u>かつ</u>

**丸**（教43ページ）ガン　まる　まる<u>い</u>　まる<u>める</u>

### 1 読みがなを書きましょう。
20点（一つ4）

① 入室を許可する。（　　　）

② 複数の意見が出る。（　　　）

③ 番組を構成する。（　　　）

④ 桜がさく。（　　　）

⑤ 銅像の前に立つ。（　　　）

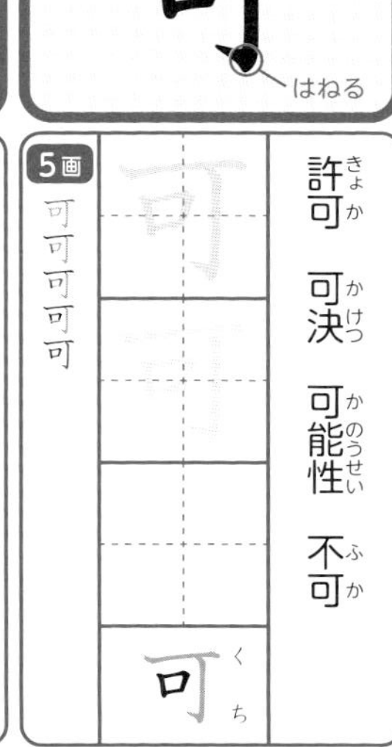

うらのページに続くよ！

## 2 あてはまる漢字を書きましょう。

80点（ひとつ10）

① 会議での意見が多数の同意によって［かけつ］される。

② 今日は授業で［ふくごうご］を学んだ。

③ 絵の［こうず］を考える。

④ 校門の前で先生が待ち［かま］える。

⑤ 公園の［さくら］が満開になっている。

⑥ ふじの花が［はちぶ］ざきになる。

⑦ 全員が［いちがん］となって相手チームと戦った。

⑧ 外国の［どうか］を見せてもらう。

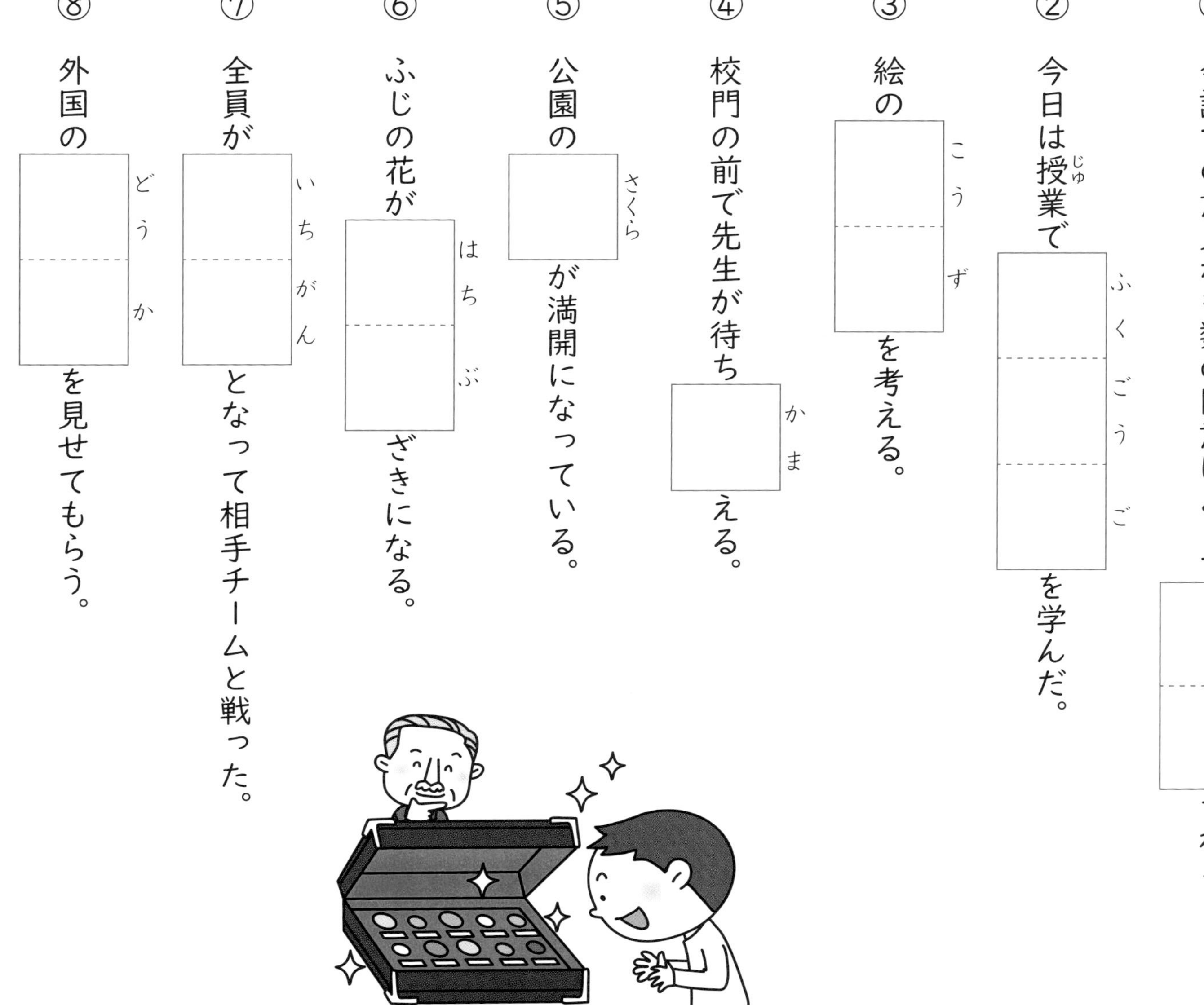

ヒント ❷ ③「こう」、④「かまえる」を「横」と書かないように注意しましょう。

きほんのドリル 6。

# 漢字の成り立ち (2)

時間 15分　合格80点　/100

答え 99ページ

月　日

## 書いて覚えよう！

教43ページ
**破** ハ　やぶる　やぶれる（はなす）
10画　破破破破破破破破破破
走破（そうは）　読破（どくは）　紙（かみ）を破（やぶ）る
石（いしへん）

教43ページ
**修** シュウ　おさめる　おさまる（とめる）
10画　修修修修修修修修修修
修復（しゅうふく）　修理（しゅうり）　学問（がくもん）を修（おさ）める
亻（にんべん）

教43ページ
**復** フク（「夂」にしない）
12画　復復復復復復復復復復復復
修復（しゅうふく）　往復（おうふく）　回復（かいふく）　反復（はんぷく）
彳（ぎょうにんべん）

教43ページ
**眼** ガン（「民」にしない）
11画　眼眼眼眼眼眼眼眼眼眼眼
眼科（がんか）　着眼（ちゃくがん）　老眼鏡（ろうがんきょう）　眼下（がんか）
目（めへん）

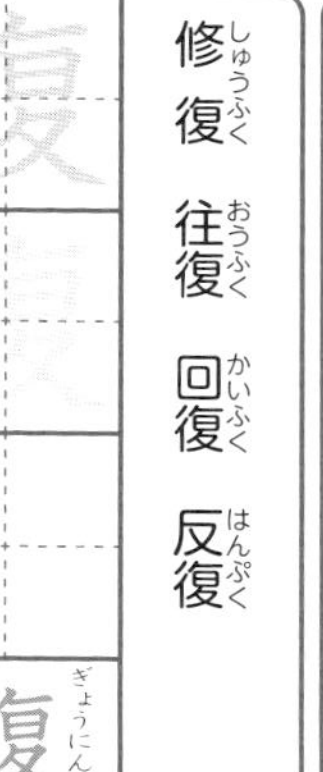

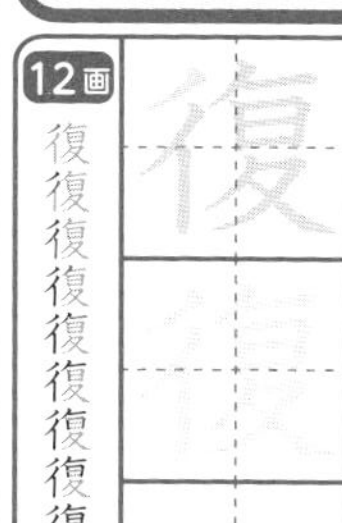

教43ページ
**停** テイ（はねる）
11画　停停停停停停停停停停停
停留所（ていりゅうじょ）　停車（ていしゃ）　一時停止（いちじていし）
亻（にんべん）

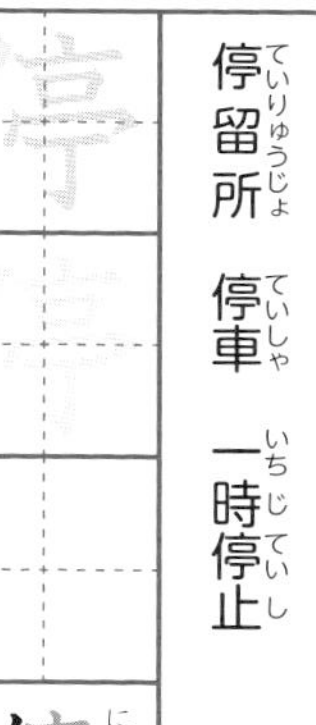
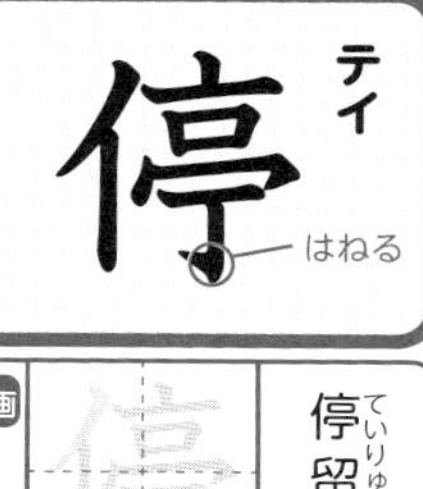

## 読んで覚えよう！

●…読み方が新しい漢字　‖…おくりがな

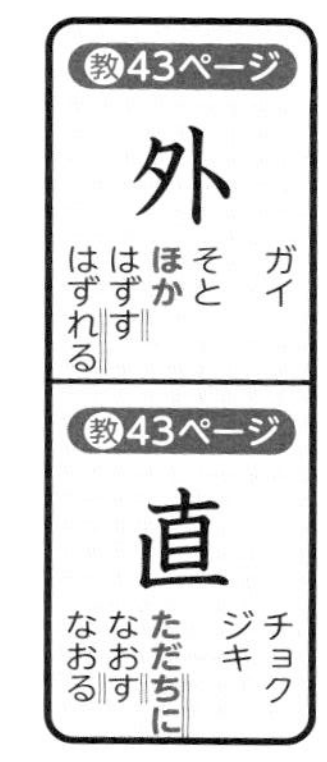
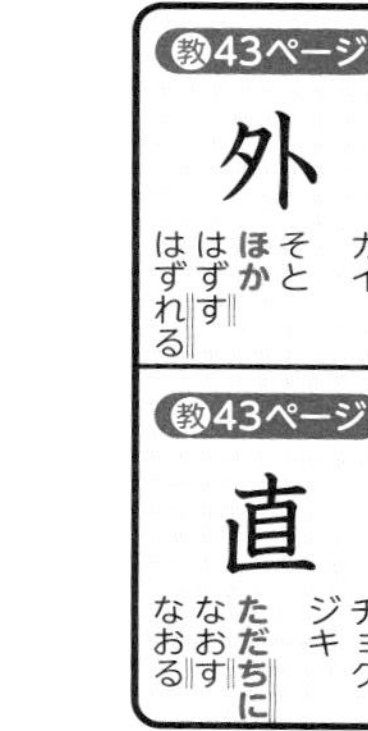

教43ページ
**外** ガイ　そと　ほか　はずす　はずれる

教43ページ
**直** チョク　ジキ　ただちに　なおす　なおる

## 1 読みがなを書きましょう。

20点（一つ4）

① 新聞紙を破る。（　　）

② 学問を修める。（　　）

③ 寺院を修復する。（　　）

④ 着眼点がよい。（　　）

⑤ 停留（りゅう）所で待つ。（　　）

← うらのページに続くよ！

## 2 あてはまる漢字を書きましょう。

80点（一つ10）

① 子ねこが大暴（あば）れしてふすまが□（やぶ）れる。

② 週末は、この作品を全て□□（どくは）するつもりだ。

③ 動かなくなった機械を□□（しゅうり）する。

④ 景気がゆるやかに□□（かいふく）する。

⑤ 今回のテストは思いの□（はか）易（やさ）しかった。

⑥ 祖父（そふ）の□□□（ろうがんきょう）をさがす。

⑦ バスが長時間、□□（ていしゃ）している。

⑧ □（ただ）ちに、目的地に向けて出発する。

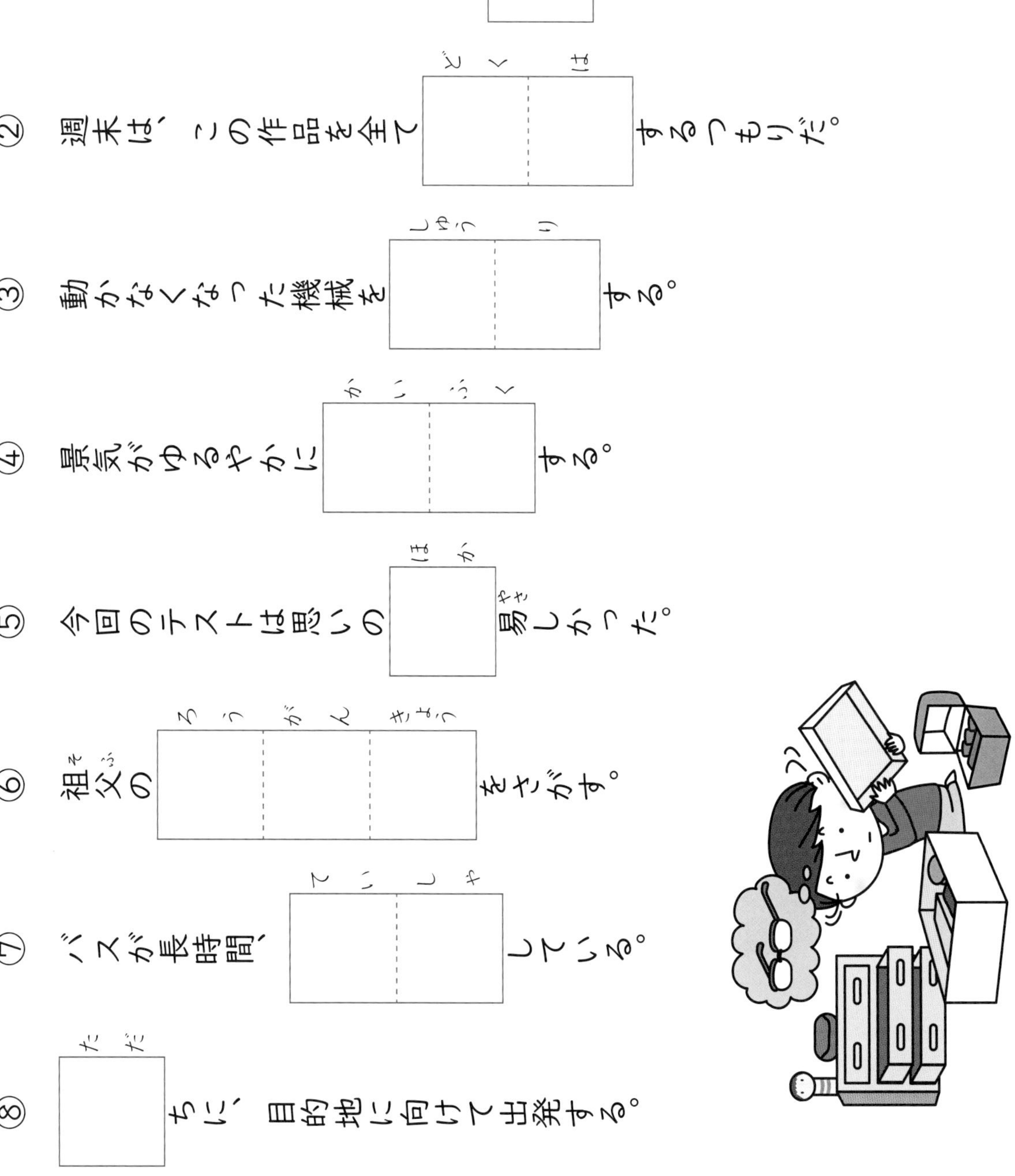

ヒント 2 ①「やぶれる」を「敗れる」と書かないように注意しましょう。

# きほんのドリル 7 漢字の成り立ち (3)

時間 15分　合格80点　／100

答え 99ページ　サクッとこたえあわせ

月　日

## 書いて覚えよう！

**祖**（教43ページ）ソ
出る
9画　祖祖祖祖祖祖祖祖祖
祖母（そぼ）　祖父（そふ）　祖先（そせん）　先祖（せんぞ）
祖（しめすへん）

**準**（教43ページ）ジュン
長く
13画　準準準準準準準準準準準準準
準備（じゅんび）　基準（きじゅん）　水準（すいじゅん）
準（さんずい）

**備**（教43ページ）ビ　そなえる・そなわる
「冊」としない
12画　備備備備備備備備備備備備
準備（じゅんび）　備品（びひん）　台風に備える（たいふうにそなえる）
備（にんべん）

**貿**（教43ページ）ボウ
はねる
12画　貿貿貿貿貿貿貿貿貿貿貿貿
貿易（ぼうえき）　貿易港（ぼうえきこう）　貿易風（ぼうえきふう）
貿（こがい・かい）

**易**（教43ページ）イ・エキ　やさしい
「昜」としない
8画　易易易易易易易易
貿易（ぼうえき）　容易（ようい）　易しい問題（やさしいもんだい）
易（ひ）

## 読んで覚えよう！

●…読み方が新しい漢字　＝…おくりがな

| | |
|---|---|
| **父**（教43ページ）フ　ちち | **母**（教43ページ）ボ　はは |
| **赤**（教43ページ）セキ　あか・あか(い)　あか(らむ)　あか(らめる) | |

**1** 読みがなを書きましょう。　20点（一つ4）

① 祖父母に会う。（　　）
② 体育の準備をする。（　　）
③ 気品が備わる。（　　）
④ 外国と貿易を行う。（　　）
⑤ 安易に回答する。（　　）

うらのページに続くよ！

## 2 あてはまる漢字を書きましょう。

80点（一つ10）

① □□（せんぞ）代々、受けつがれてきた山。

② □□□（そふぼ）の家で過ごす。

③ □□（せきはん）をたいてお祝いする。

④ 兄のチームが□□□（じゅんけっしょう）に進む。

⑤ お店で□□（よび）の水を買っておく。

⑥ 食品や電池をそろえて、災害に□（そな）える。

⑦ □□（ぼうえき）がさかんな港。

⑧ □（やさ）しい文章なので、小学生でも読める。

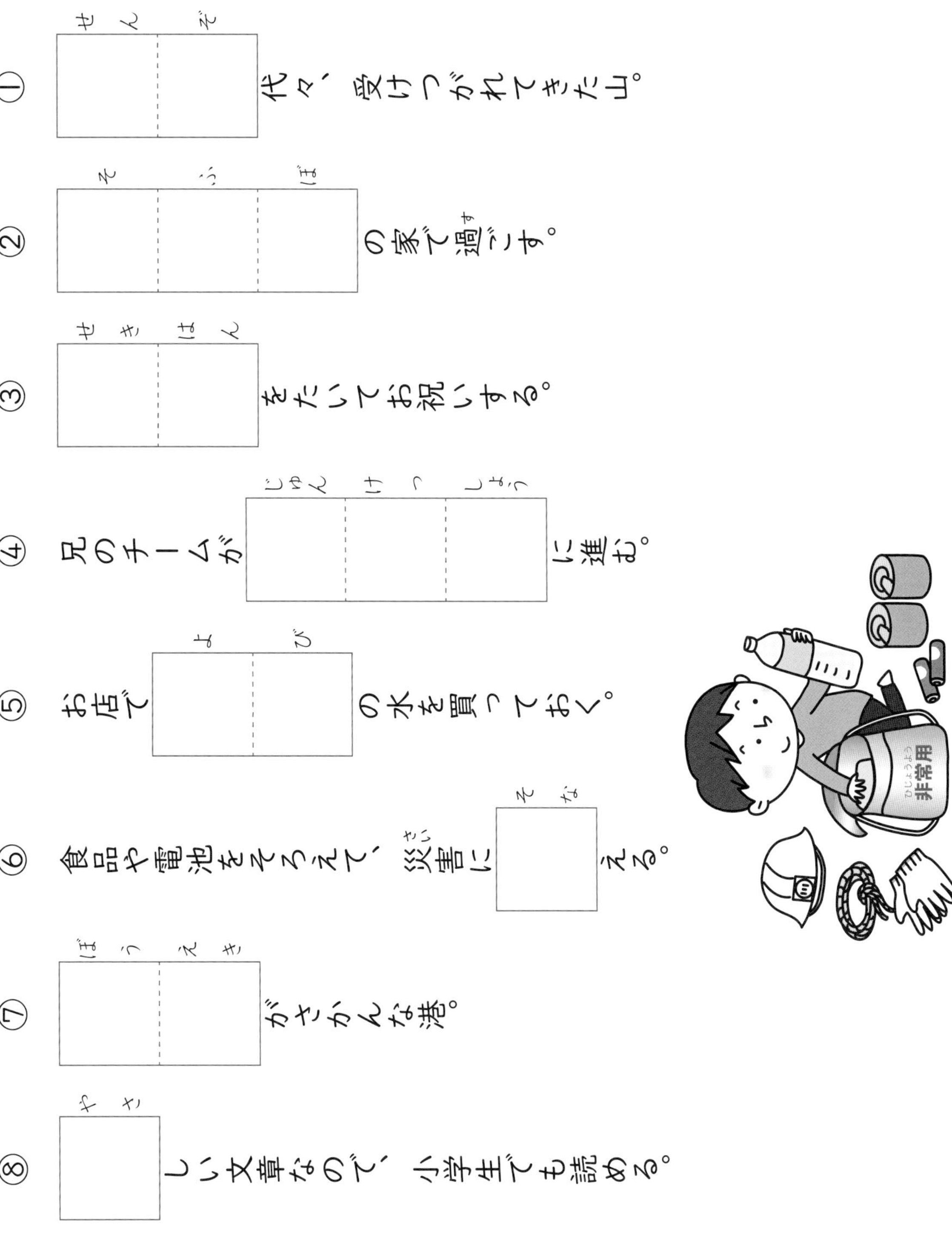


ヒント 2 ⑦「ぼう」の「刀」を「力」と書かないように注意しましょう。

きほんのドリル

# 8. 漢字の成り立ち (4)
## きいて、きいて、きいてみよう (1)

時間 15分　合格80点　／100

答え 99ページ

月　日

### 書いて覚えよう！

**際**（サイ）　教43ページ　14画　はねる
実際（じっさい）　国際交流（こくさいこうりゅう）　交際（こうさい）
こざとへん

**潔**（ケツ）　教43ページ　15画　はねる
清潔（せいけつ）　潔白（けっぱく）　不潔（ふけつ）　簡潔（かんけつ）
さんずい

**質**（シツ）　教46ページ　15画　とめる
質問（しつもん）　質のよい紙（しつのよいかみ）　性質（せいしつ）
こがい

**報**（ホウ）　教47ページ　12画　はねる
報道（ほうどう）　報告（ほうこく）　情報（じょうほう）　予報（よほう）
つち

**告**（コク・つげる）　教47ページ　7画　長く
広告（こうこく）　予告（よこく）　別れを告げる（わかれをつげる）
くち

### 読んで覚えよう！

●…読み方が新しい漢字

教43ページ　犬（ケン・いぬ）

**1** 読みがなを書きましょう。　20点（一つ4）

① 実際（　　）に体験する。

② 部屋を清潔（　　）にする。

③ 質問（　　）に答える。

④ 結果を報告（　　）する。

⑤ 始まりを告（　　）げる笛。

うらのページに続くよ！

## 2 あてはまる漢字を書きましょう。

80点（一つ10）

① □□（こくさい）交流のもよおしが行われる。

② □□（あいけん）と土手まで散歩する。

③ タオルが□□（ふけつ）にならないようにする。

④ 先生に身の□□（けっぱく）をうったえる。

⑤ この会社では□□（ひんしつ）のよいものだけをあつかう。

⑥ わたしの父親は□□（ほうどう）機関で働いている。

⑦ さまざまな場所で求人の□□（こうこく）を目にする。

⑧ うぐいすが鳴き声で、春を□（つ）げる。

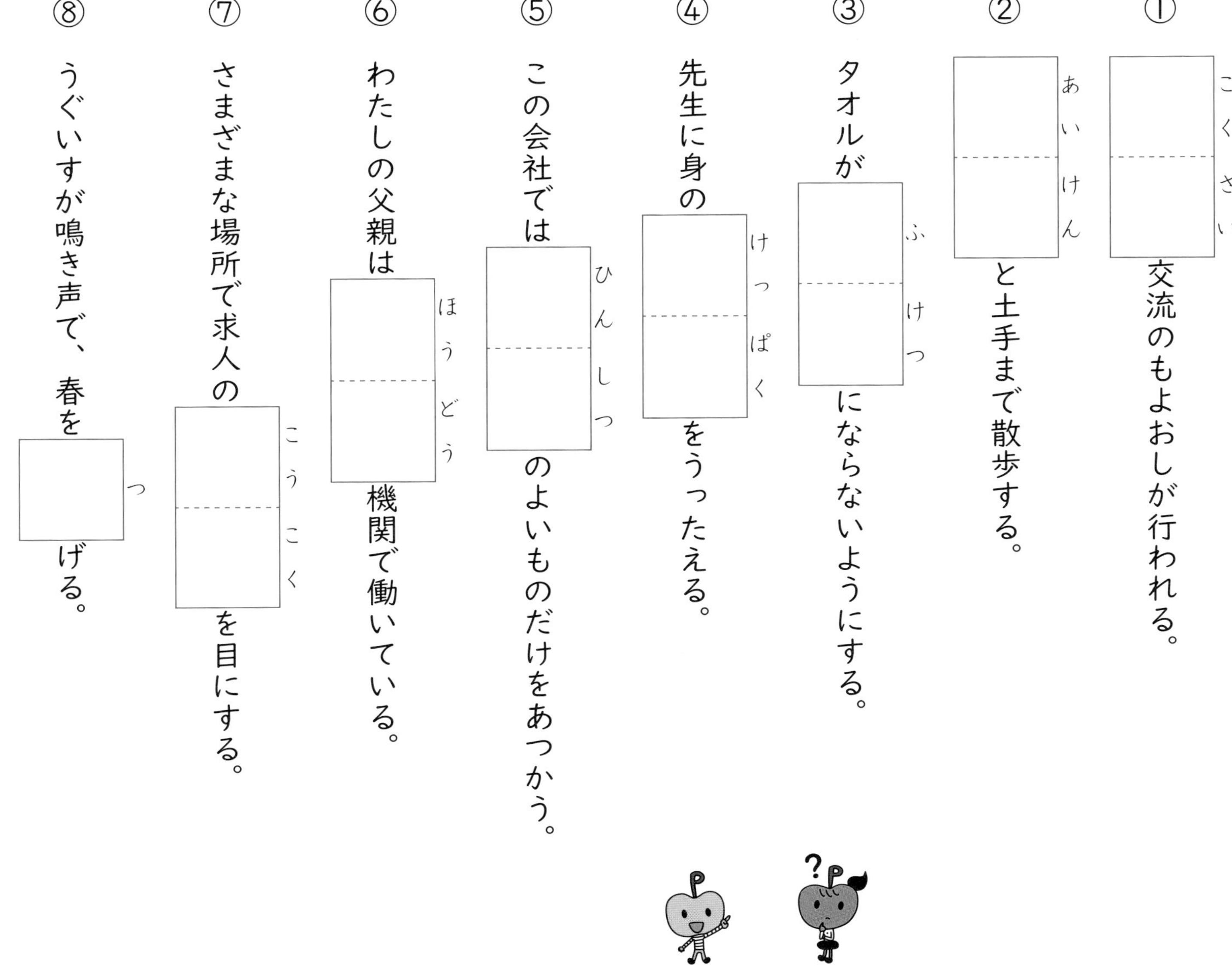

ヒント ❷ ①「さい」を「祭」と書かないように注意しましょう。

# きいて、きいて、きいてみよう (2)

時間 15分
合格80点 ／100

答え 99ページ

月　日

## 書いて覚えよう！

|  |  |  |  |  |
| --- | --- | --- | --- | --- |
| 属（はねる）［教 48ページ］ | ゾク | 12画 | 属属属属属属属属属属属属 | 所属（しょぞく）　金属（きんぞく）　付属（ふぞく）　配属（はいぞく）　しかばね（かばね） |
| 確（出ない）［教 48ページ］ | カク　たしか　たしかめる | 15画 | 確確確確確確確確確確確確確確確 | 正確（せいかく）　確率（かくりつ）　確（たし）かな情報（じょうほう）　いしへん |
| 識（上にはねる）［教 50ページ］ | シキ | 19画 | 識識識識識識識識識識識識識識識識識識識 | 意識（いしき）　常識（じょうしき）　知識（ちしき）　識別（しきべつ）　ごんべん |

## 1 読みがなを書きましょう。 28点（一つ4）

① 陸上部に 所属（　　　） する。
② 付属（　　　） の部品。
③ 答えを 確（　　　） かめる。
④ 確（　　　） かな情報だ。
⑤ 正確（　　　） に書き写す。
⑥ ちがいを 意識（　　　） する。
⑦ 多くの 知識（　　　） をえる。

← うらのページに続くよ！

## 2 あてはまる漢字を書きましょう。

72点（一つ9）

① 機械で（きんぞく）を加工する。

② 来月から新入社員が（はいぞく）される。

③ 信用できるだけの（たし）かな技術を持つ。

④ 図かんで植物の種類を（たし）かめる。

⑤ 一流の選手は（かくじつ）にゴールを決める。

⑥ 化石の（ちしき）についてはだれにも負けない。

⑦ かすかな色のちがいを（しきべつ）する。

⑧ （むいしき）にほほえむ。

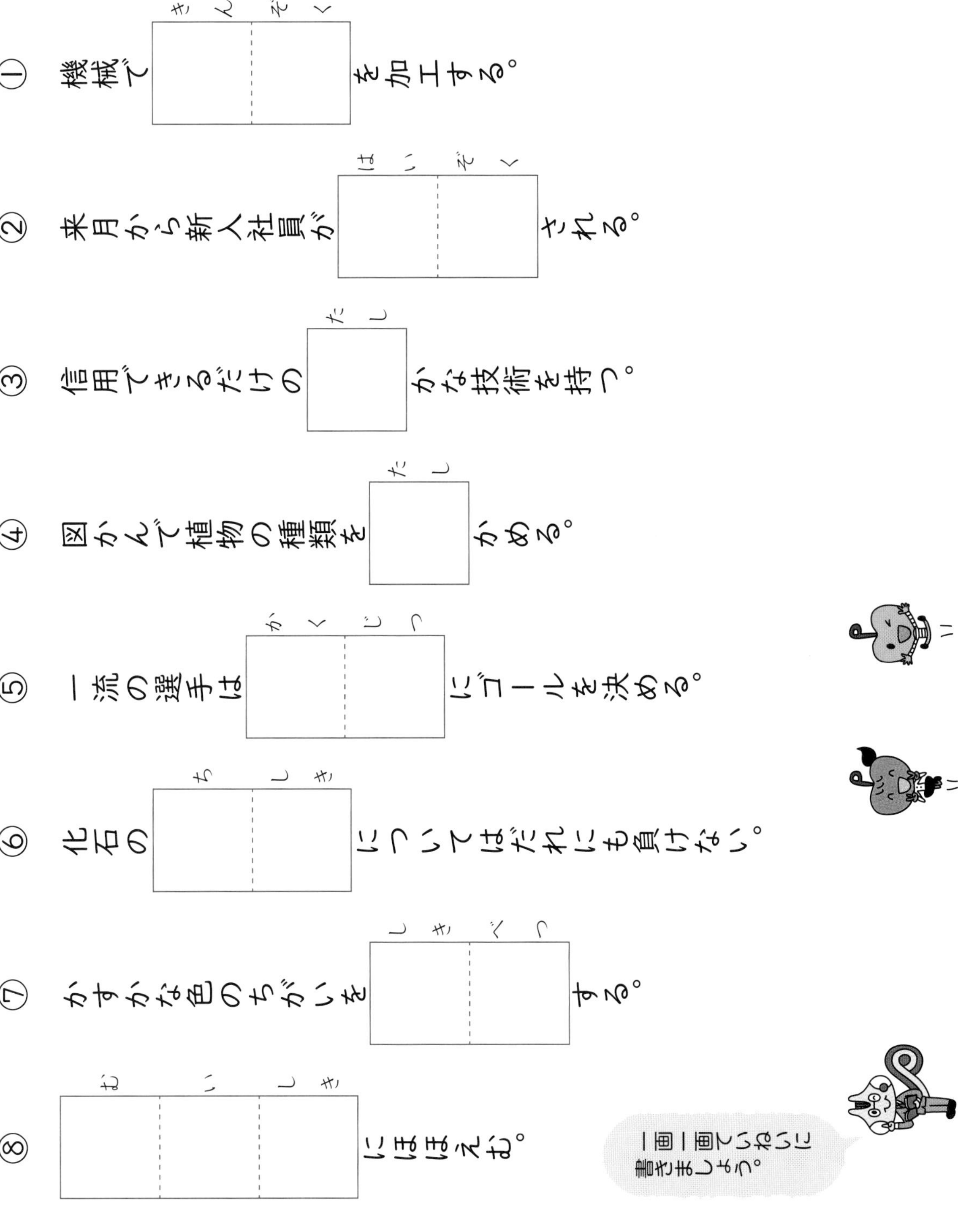


ヒント 2 ③「たしか」、④「たしかめる」、⑤「かく」は、右側の字形にちゅういしましょう。

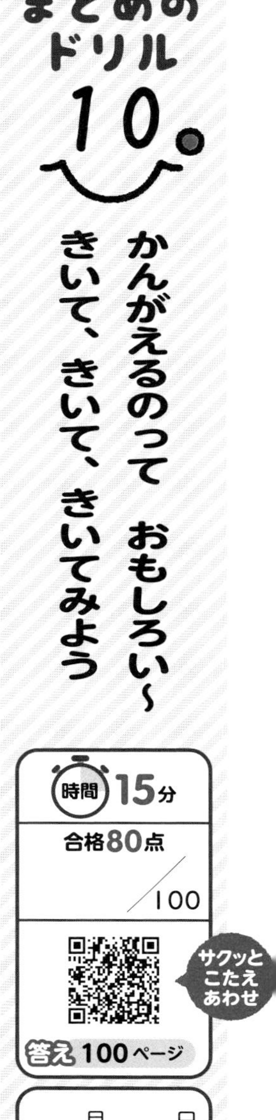

# まとめのドリル10。 かんがえるのって おもしろい～ きいて、きいて、きいてみよう

時間 15分　合格80点　／100

答え 100ページ

月　日

**1** 漢字の読みがなを書きましょう。　52点（一つ4）

① 新聞紙を勢(いきお)いよく広げたら 破（　　） れてしまった。

② 友達は 潔白（　　） だと信じている。

③ 交差点ではきちんと 標識（　　） を見る。

④ 国際（　　） 空港で大量の荷物をのせる。

⑤ 週末の旅行の 準備（　　） をする。

⑥ 妹が 賞状（　　） をもらって 喜（　　） んでいる。

⑦ 復習（　　） をして、まちがえた問題を 確（　　） かめる。

⑧ 金属（　　） の 容器（　　） にアイスクリームを入れる。

⑨ 厚（　　） めの 方眼（　　） ノートを買う。

うらのページに続くよ！

## 2 あてはまる漢字を書きましょう。

48点（一つ4）

① 駅前には［ふくすう］のパン屋がある。

② 先生の［しつもん］にきちんと答える。

③ 止まった時計を［ぶんかい］してみる。

④ 集合時間におくれた［じじょう］を話す。

⑤ ［ぼうえき］で栄えている港。

⑥ 高度な［ぎじゅつ］で注目されている町工場。

⑦ こわれた［どうぞう］を［しゅうり］する。

⑧ 入会の［きょか］を［ほうこく］する。

⑨ ［そぼ］と満開の［さくら］を見に行く。

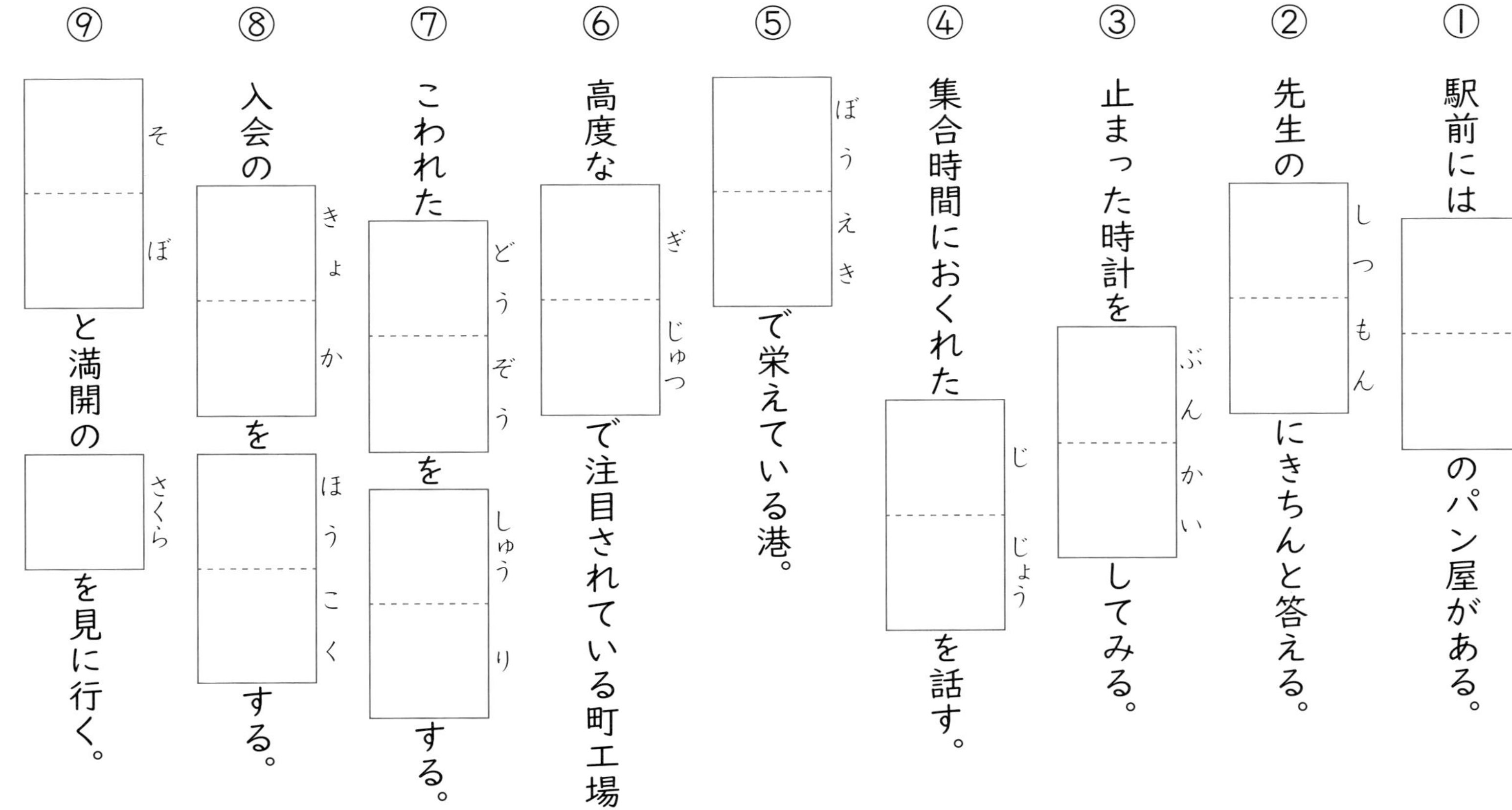

きほんのドリル 11。

# 見立てる　言葉の意味が分かること（1）

時間 15分　合格80点　／100　答え 100ページ　サクッとこたえあわせ　月　日

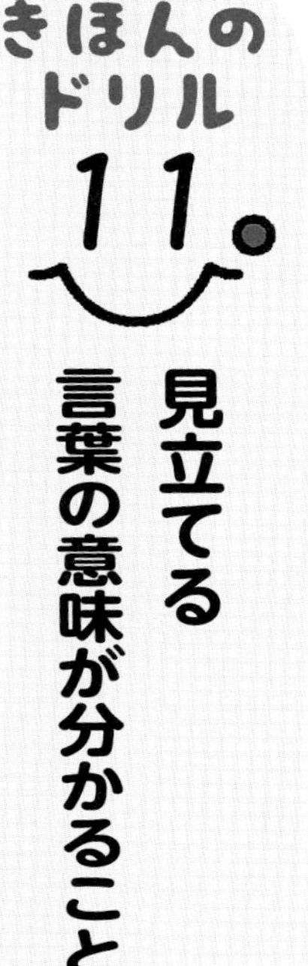

## 書いて覚えよう！

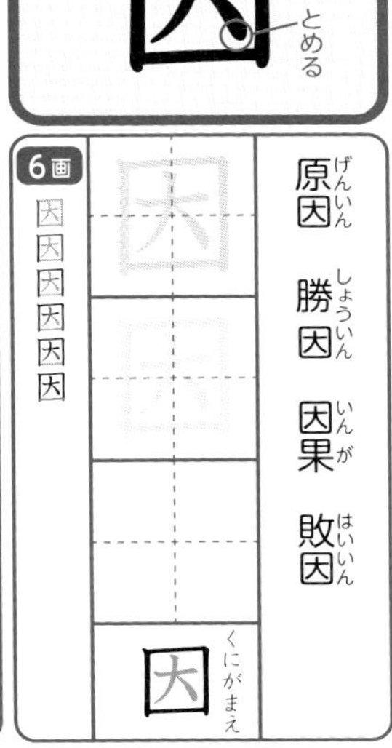
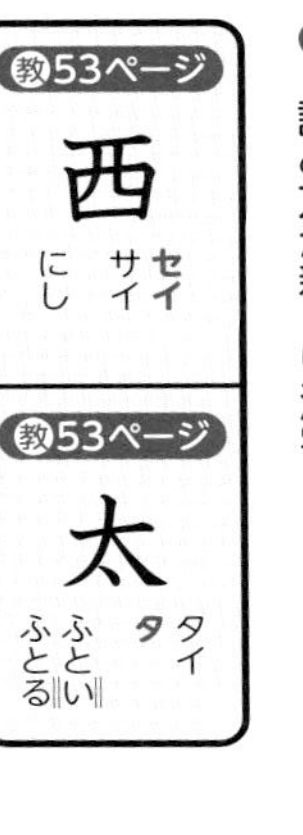

教51ページ　因　イン　（とめる）　6画　因因因因因因
原因（げんいん）　勝因（しょういん）　因果（いんが）　敗因（はいいん）　くにがまえ

教53ページ　造　ゾウ　つくる　（出ない）　10画　造造造造造造造造造造
木造建築（もくぞうけんちく）　造船（ぞうせん）　船を造る（ふねをつくる）　しんにょう／しんにゅう

教55ページ　似　にる　（とめる）　7画　似似似似似似似
服が似合う（ふくがにあう）　似顔絵（にがおえ）　にんべん

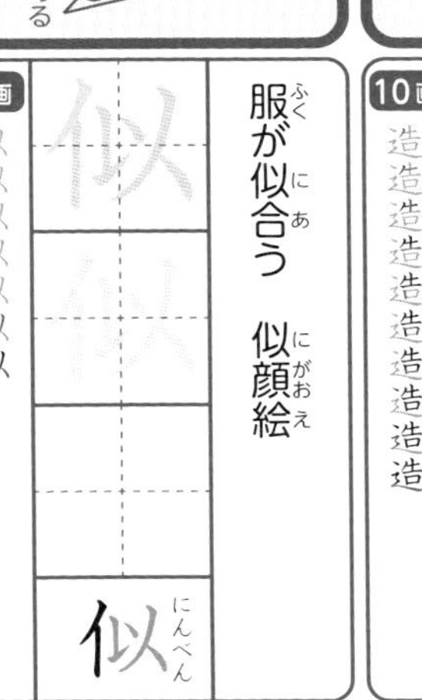
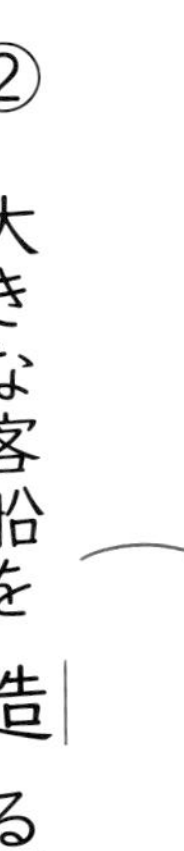

教56ページ　限　ゲン　かぎる　（「ㄥ」としない）　9画　限限限限限限限限限
期限（きげん）　限界（げんかい）　時間を限る（じかんをかぎる）　こざとへん

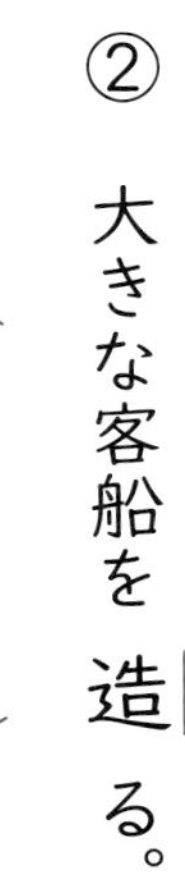

教57ページ　留　リュウ　ル　とめる　とまる　（はねる）　10画　留留留留留留留留留留
留学（りゅうがく）　留守（るす）　目に留まる（めにとまる）　た

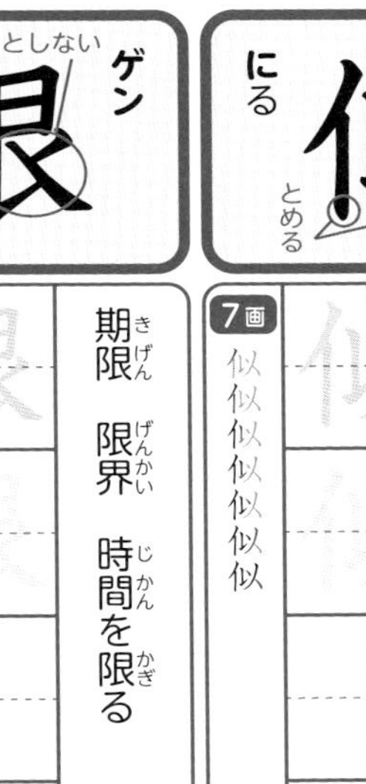

## 読んで覚えよう！

●…読み方が新しい漢字　＝…おくりがな

| 教53ページ | 教53ページ |
|---|---|
| 西　セイ　サイ　にし | 太　タイ　タ　ふとい　ふとる |

## 1 読みがなを書きましょう。　20点（一つ4）

① 原因（　　）が分かる。

② 大きな客船を 造（　　）る。

③ 着物が 似合（　　）う。

④ 力の 限（　　）りさけぶ。

⑤ 新しい 留学生（　　）。

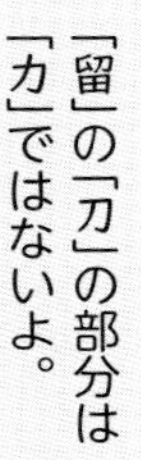

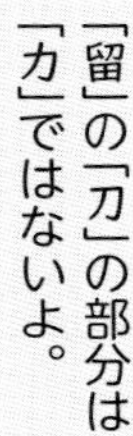


うらのページに続くよ！

教科書 51〜62ページ

## 2 あてはまる漢字を書きましょう。

80点（一つ10）

①今回の成功の［よういん］について話し合う。

②県の［せいぶ］にある美しい公園。

③［まるた］で山小屋を建てる。

④わかい大工が［もくぞう］建築（ちく）にいどむ。

⑤知り合いに［にがおえ］をかいてもらう。

⑥期間［げんてい］のおかしを買う。

⑦犬といっしょに［るすばん］をする。

⑧先生の言葉を心に［と］める。

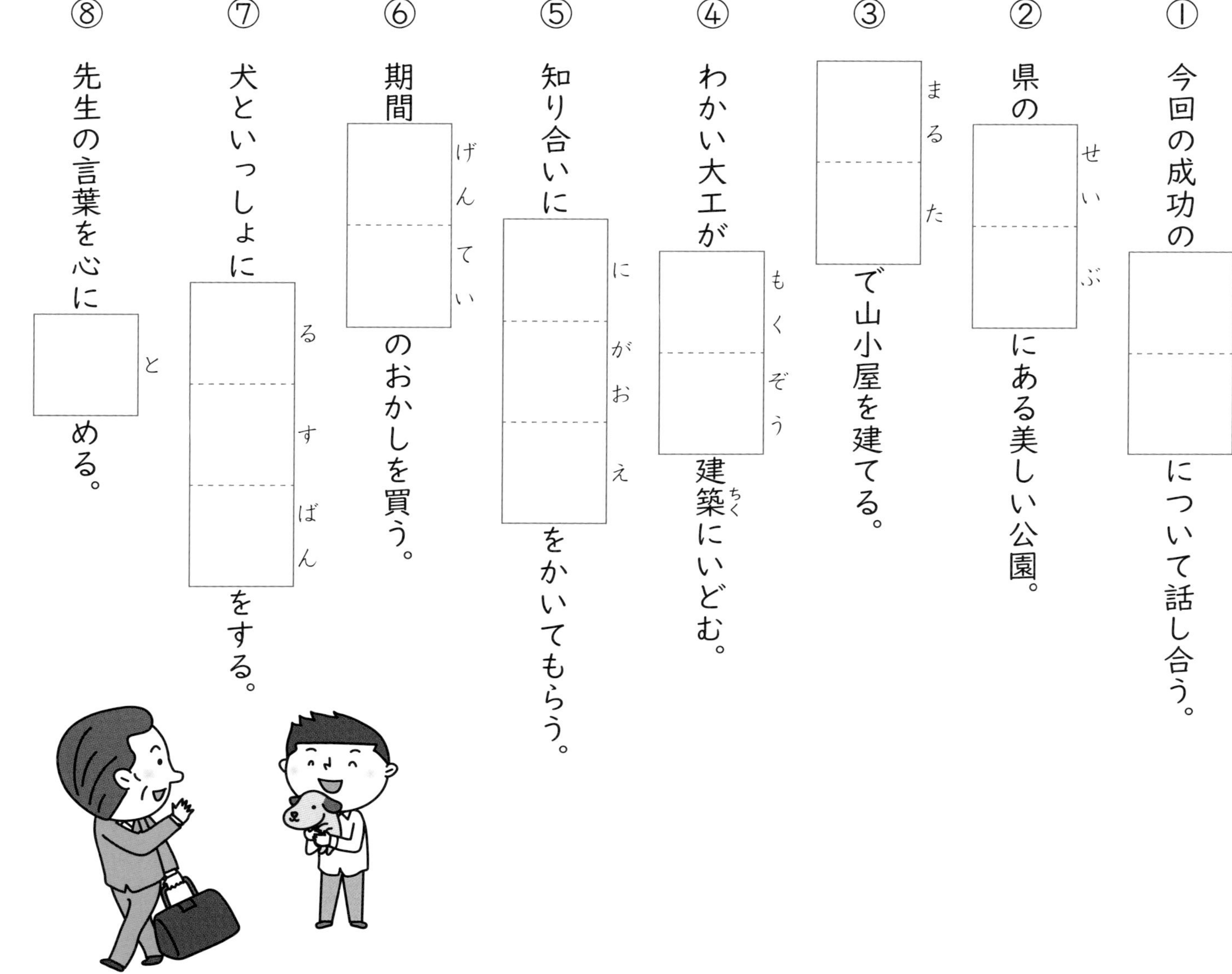

ヒント
❷ ⑤「に」は、「以」と書かないように注意しましょう。

# きほんのドリル 12。

## 言葉の意味が分かること (2)

## 敬語(けいご) (1)

時間 15分　合格80点　/100

サクッとこたえあわせ　答え 100ページ

月　日

教科書 54～65ページ

書いて覚えよう！

| 漢字 | 読み | 画数・筆順 | 言葉 | 教科書 |
|---|---|---|---|---|
| 現 | ゲン / あらわれる・あらわす（上にはねる） | 11画 | 表現(ひょうげん)　現実(げんじつ)　月が現(あらわ)れる　たまへん・おうへん | 教 57ページ |
| 接 | セツ（はねる） | 11画 | 直接(ちょくせつ)　応接間(おうせつま)　接(せっ)する　てへん | 教 62ページ |
| 応 | オウ / こたえる（はねる） | 7画 | 話(はなし)に応(おう)じる　期待(きたい)に応(こた)える　こころ | 教 64ページ |
| 勢 | セイ / いきおい（上にはねる） | 13画 | 大勢(おおぜい)　勢力(せいりょく)　勢(いきお)いに乗(の)る　ちから | 教 64ページ |
| 河 | カ / かわ（はねる） | 8画 | 河口(かこう)　大河(たいが)　大(おお)きな河(かわ)　さんずい | 教 65ページ |

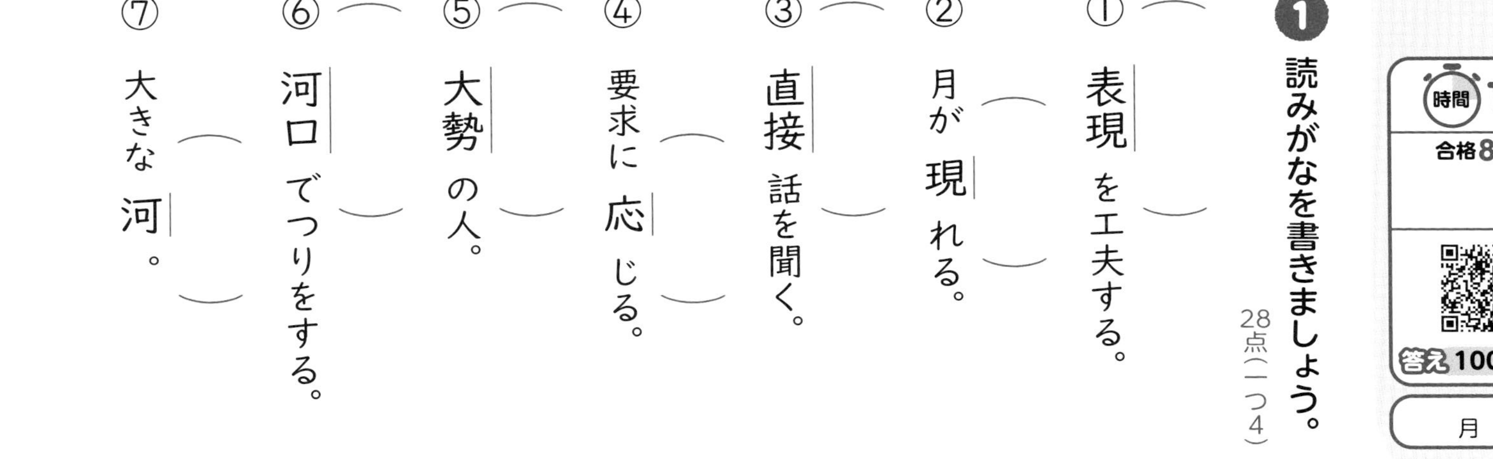

**1** 読みがなを書きましょう。 28点(一つ4)

① 表現を工夫する。（　　）

② 月が現れる。（　　）

③ 直接話を聞く。（　　）

④ 要求に応じる。（　　）

⑤ 大勢の人。（　　）

⑥ 河口でつりをする。（　　）

⑦ 大きな河。（　　）

うらのページに続くよ！

## 2 あてはまる漢字を書きましょう。

72点（一つ9）

①思っていたことが（げんじつ）に起こる。

②ヒーローがすがたを（あらわ）す。

③台風が列島に（せっきん）する。

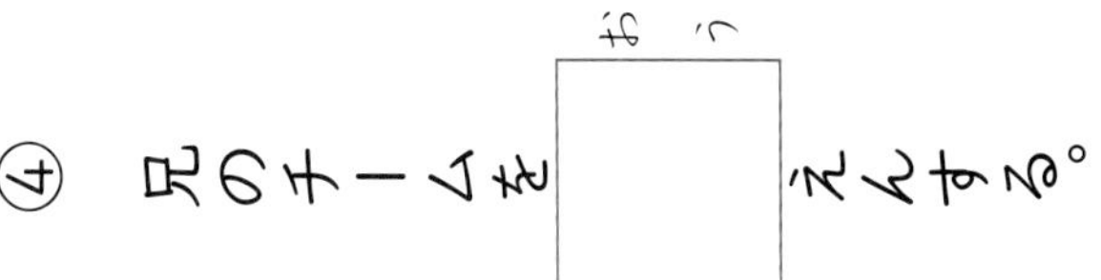

④兄のチームを（おう）えんする。

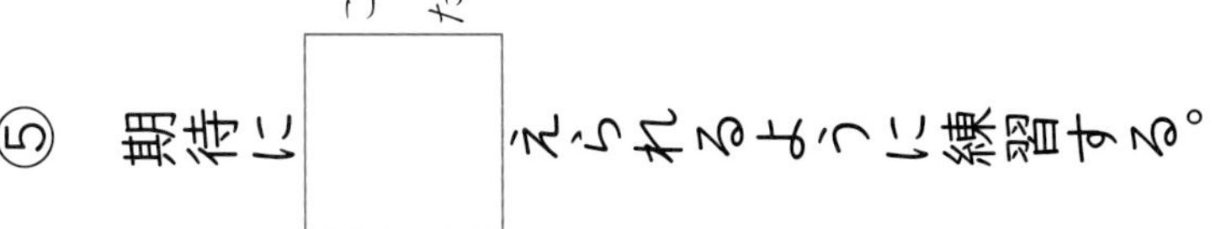

⑤期待に（こた）えられるように練習する。

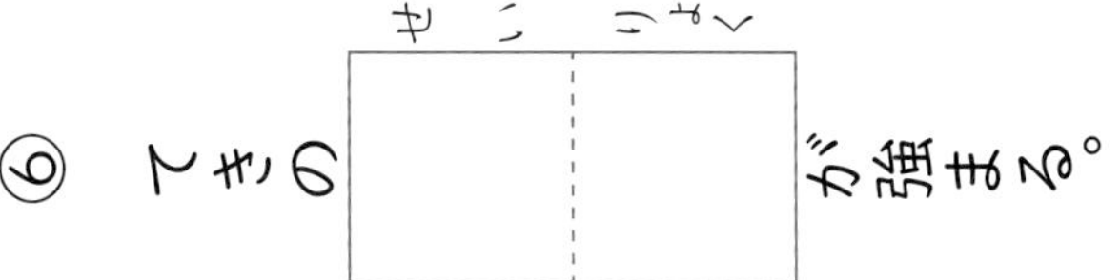

⑥てきの（せいりょく）が強まる。

⑦鉄ぼうをにぎり、（いきお）いをつけて地面をける。

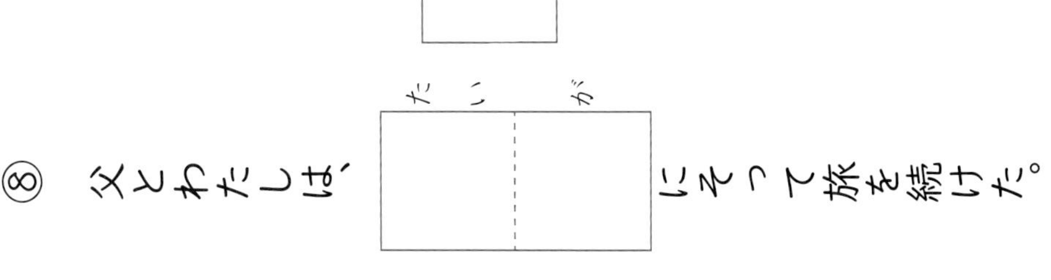

⑧父とわたしは、（たいが）にそって旅を続けた。

ヒント 2 ②「あらわす」は同じ読み方の漢字「表す」と、⑤「こたえる」は同じ読み方の漢字「答える」との使い分けに注意しましょう。

# きほんのドリル 13。 敬語(けいご)(2)

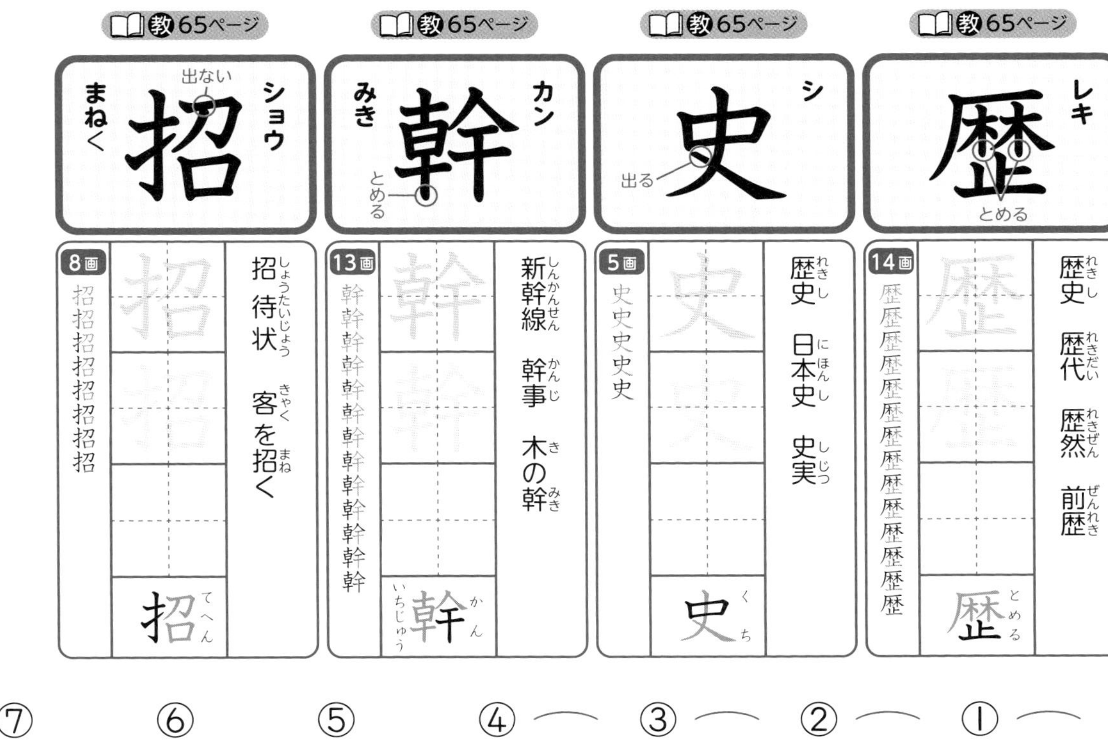


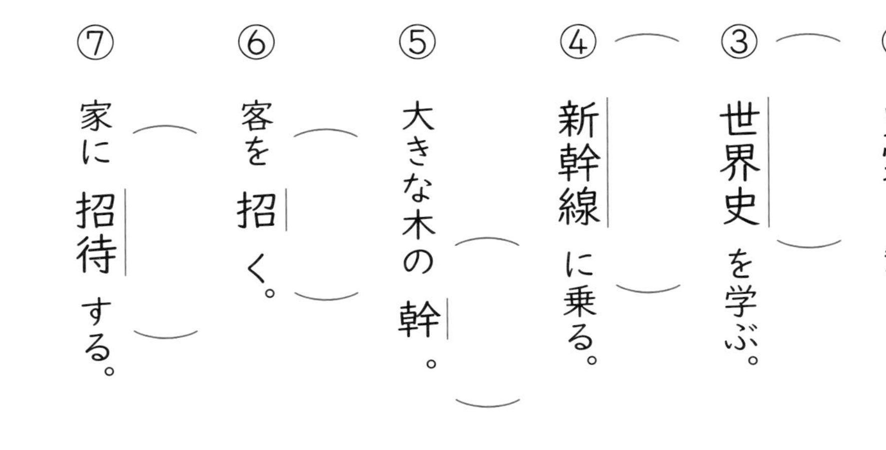

**1** 読みがなを書きましょう。 28点(一つ4)

① 歴代の勇者。

② 史実を知る。

③ 世界史を学ぶ。

④ 新幹線に乗る。

⑤ 大きな木の幹。

⑥ 客を招く。

⑦ 家に招待する。

「史」の五画目はつき出すよ。

教科書 64～65ページ

うらのページに続くよ！

## 2 あてはまる漢字を書きましょう。

72点（一つ9）

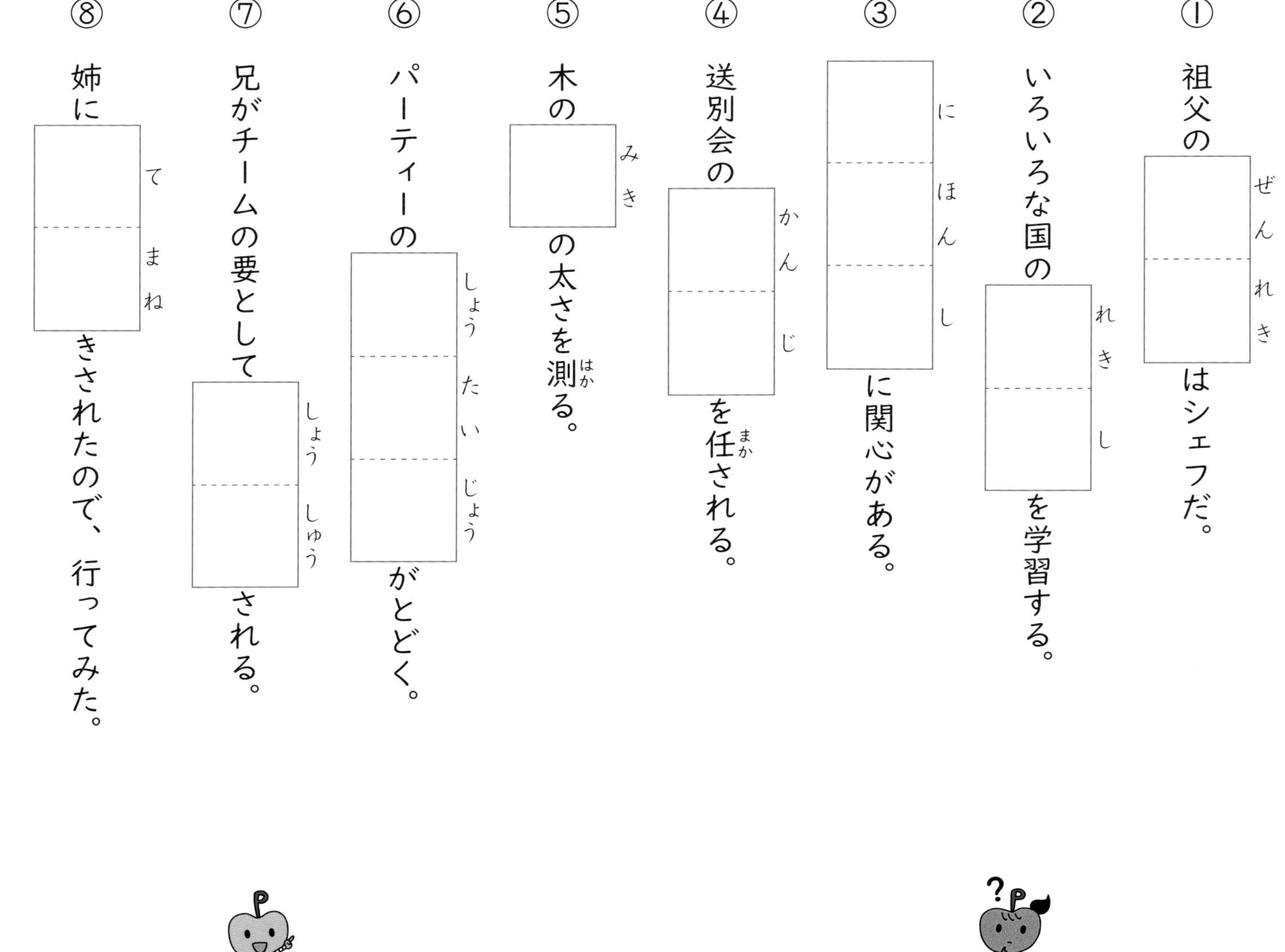

① 祖父の［ぜんれき］はシェフだ。

② いろいろな国の［れきし］を学習する。

③ ［にほんし］に関心がある。

④ 送別会の［かんじ］を任（まか）される。

⑤ 木の［みき］の太さを測（はか）る。

⑥ パーティーの［しょうたいじょう］がとどく。

⑦ 兄がチームの要として［しょうしゅう］される。

⑧ 姉に［てまね］きされたので、行ってみた。

ヒント 2 ④「かん」、⑤「みき」の十三画目は、上につき出さないように注意しましょう。

# きほんのドリル 14。

## 日常を十七音で　古典の世界(一)

時間 15分　合格80点　／100

答え 100ページ

月　日

教科書 66～75ページ

### 書いて覚えよう！

教66ページ　句　ク　つける
5画　句句句句句
俳句（はいく）　決まり文句（き・もんく）　慣用句（かんようく）
句（くち）

教66ページ　常　ジョウ　つね　とめる
11画　常常常常常常常常常常常
日常（にちじょう）　常識（じょうしき）　常日ごろ（つねひ）
常（はば）

教68ページ　序　ジョ　はねる
7画　序序序序序序序
順序（じゅんじょ）　序列（じょれつ）　序文（じょぶん）　序曲（じょきょく）
序（まだれ）

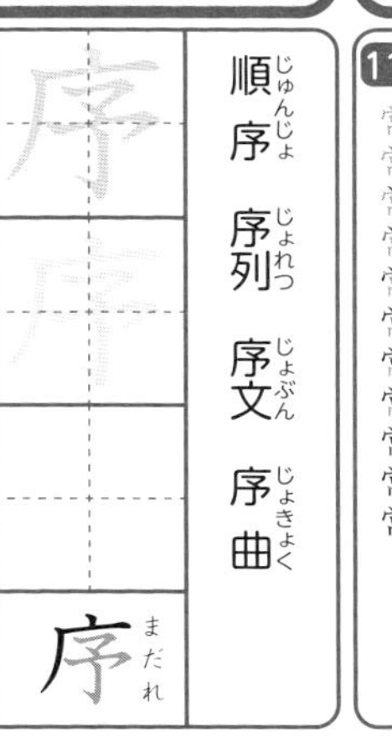

教73ページ　武　ブ　ム　わすれずに
8画　武武武武武武武武
武士（ぶし）　武術（ぶじゅつ）　武者ぶるい（むしゃ）
武（とめる）

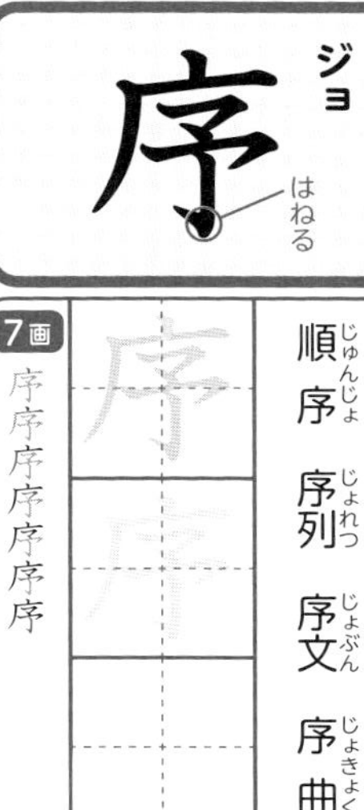

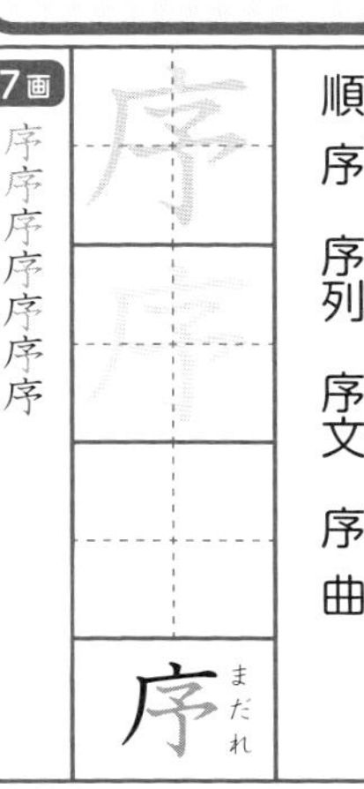

教73ページ　士　シ　短く
3画　士士士
力士（りきし）　博士（はくし）　兵士（へいし）
士（さむらい）

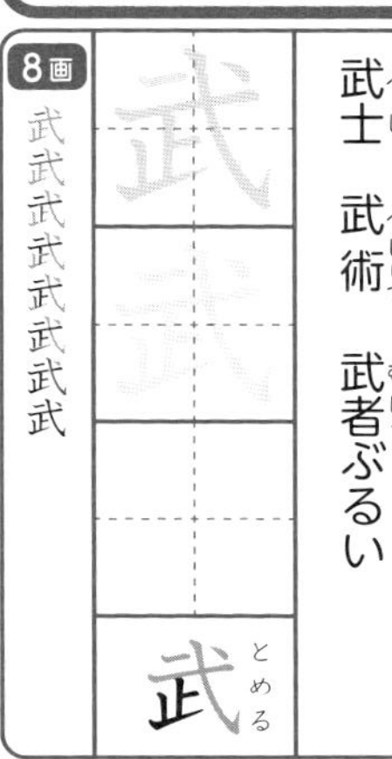

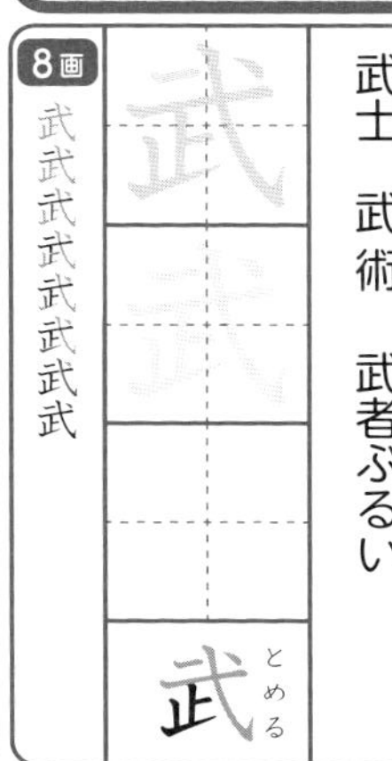

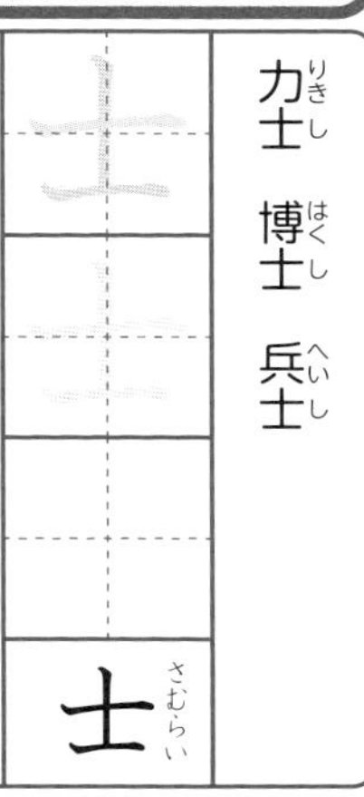

### 読んで覚えよう！

●…読み方が新しい漢字　＝…おくりがな

教71ページ　古　コ　ふる(い)　ふる(す)

**1** 読みがなを書きましょう。　20点（一つ4）

① 俳句をよむ。（　）

② 日常の出来事。（　）

③ 順序を正す。（　）

④ 武者ぶるいをする。（　）

⑤ 武士の手習い。（　）

← うらのページに続くよ！

## 2 あてはまる漢字を書きましょう。

80てん（一つ10）

① 読みやすいようにぶん章に［くてん］を打つ。

② ［もんく］も言わずに作業を続ける。

③ ［じょうしき］では考えられないことが起きる。

④ 母は［つねひ］ごろから、運動している。

⑤ 作者の［じょぶん］を読む。

⑥ ［こてん］の物語が映(えい)画になる。

⑦ 父が、急に［ぶじゅつ］を習いたいと言い出す。

⑧ 強い［りきし］にあこがれる。

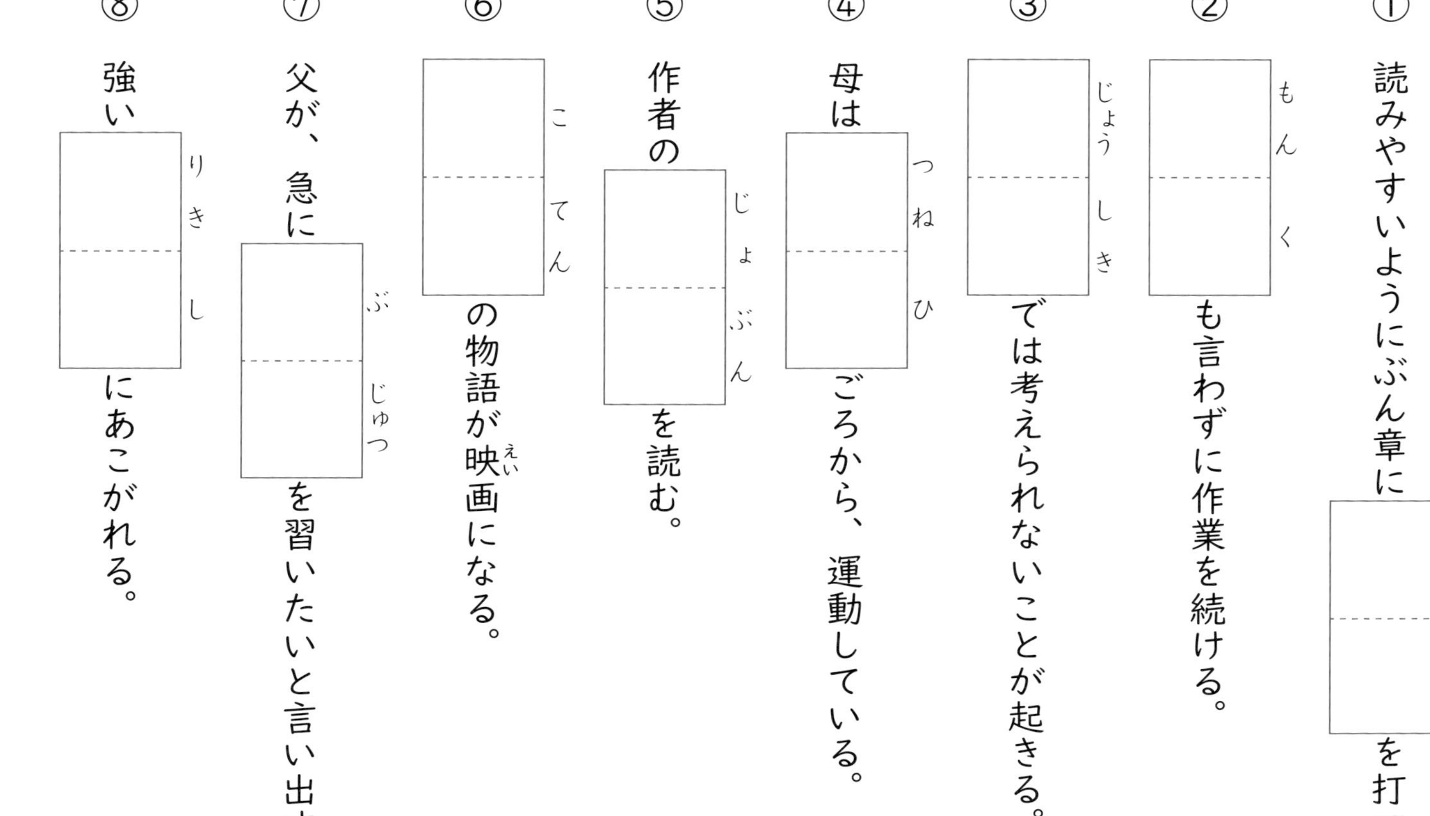

ヒント ❷ ③「じょう」、④「つね」の一～三画目に注意して書きましょう。

# きほんのドリル 15。

## 目的に応じて引用するとき
## みんなが使いやすいデザイン

時間 15分　合格80点　／100

答え100ページ

サクッとこたえあわせ

月　日

### 書いて覚えよう！

教76ページ
資（シ）　はらう
13画　資資資資資資資資資資資資資
資料（しりょう）　資源（しげん）　資格（しかく）　資金（しきん）
資（かい・こがい）

教77ページ
査（サ）　出る
9画　査査査査査査査査査
調査（ちょうさ）　検査（けんさ）　考査（こうさ）　査定（さてい）
査（き）

教78ページ
性（セイ）　とめる
8画　性性性性性性性性
共通性（きょうつうせい）　性別（せいべつ）　性質（せいしつ）　性格（せいかく）
性（りっしんべん）

教79ページ
非（ヒ）　出ない
8画　非非非非非非非非
非常（ひじょう）　非公式（ひこうしき）　非運（ひうん）　非礼（ひれい）
非（あらず・ひ）

教83ページ
総（ソウ）　はなす
14画　総総総総総総総総総総総総総総
総動員（そうどういん）　総合（そうごう）　総理大臣（そうりだいじん）
総（いとへん）

### 1 読みがなを書きましょう。
28点（一つ4）

① 資料（　　）を集める。

② 資金（　　）はゆたかだ。

③ 調査（　　）を行う。

④ 性別（　　）は問わない。

⑤ 勝つ可能性（　　）がある。

⑥ 非公開（　　）の情報。

⑦ 総合的（　　）な意見。

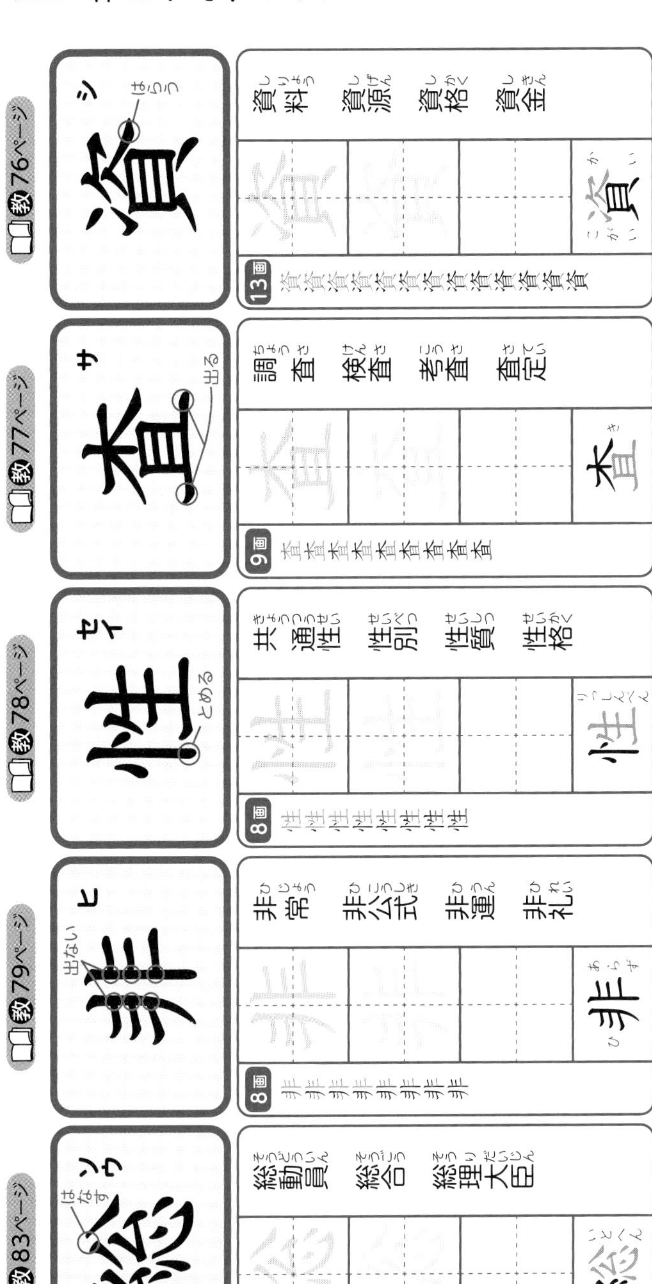

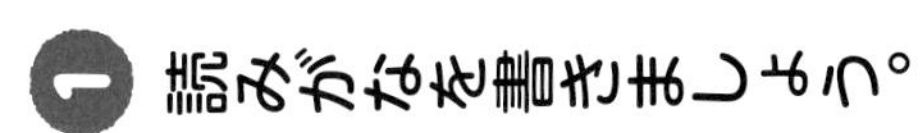

「非」の一画目は「ニ」でなく「ノ」だよ。

← うらのページに続くよ！

## 2 あてはまる漢字を書きましょう。

72点（一つ9）

① パン屋を開店するための［しきん］をためる。

② 地球にある［し］源（げん）を大切に使う。

③ 江戸（えど）時代のかけじくを［さてい］する。

④ 水にとけやすい［せいしつ］の薬品。

⑤ 国の要人が［ひこうしき］の訪（ほう）問を行う。

⑥ ベルが鳴ったら［ひじょうぐち］へ向かう。

⑦ みんなの意見を［そうごう］して決める。

⑧ チームの［そうりょく］をあげて勝ちにいく。

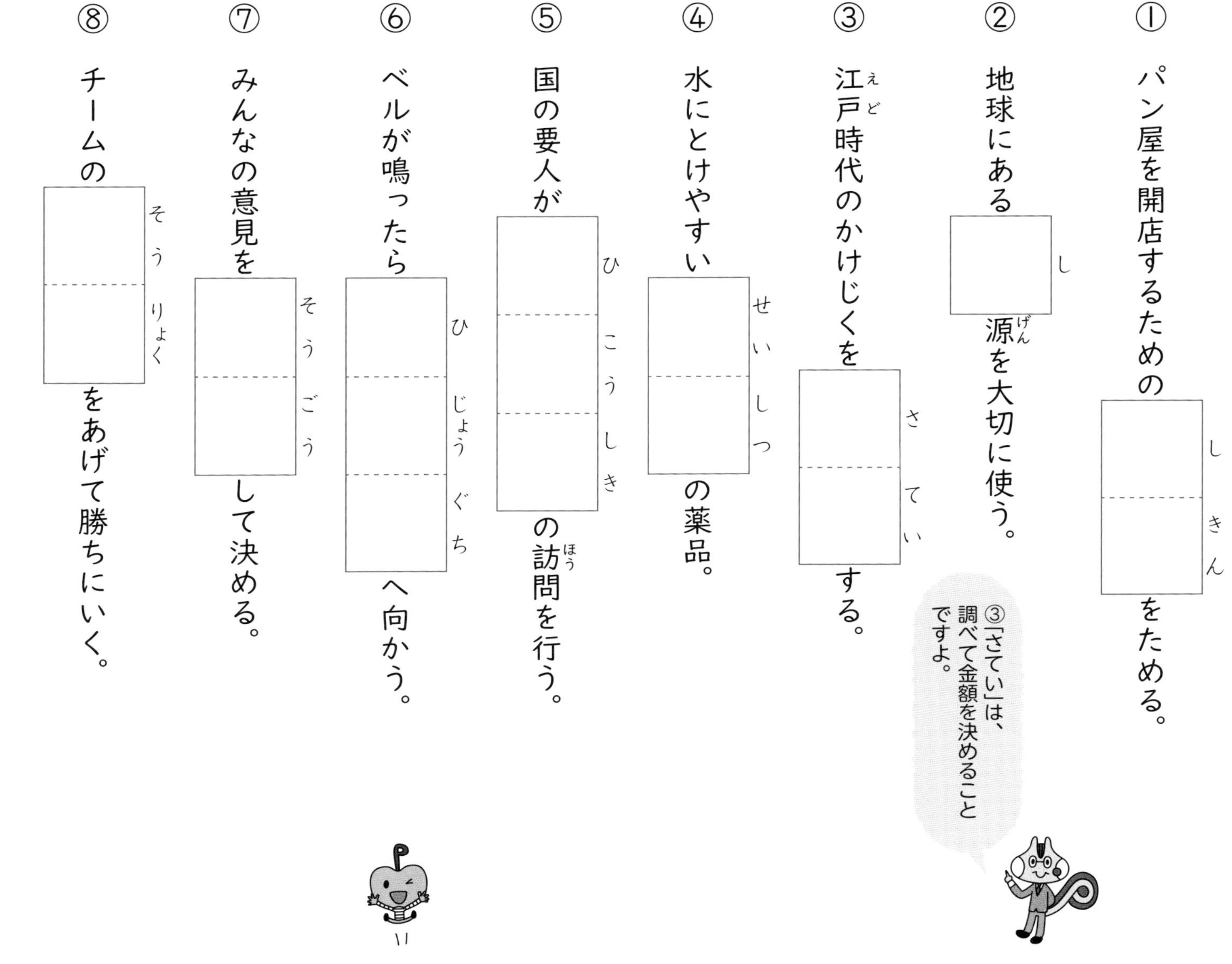


ヒント 2 ①②「し」は、形の似ている字の「貿」と書かないように注意しましょう。

# きほんのドリル 16. 同じ読み方の漢字 (1)

時間 15分　合格80点　/100

答え 100ページ　サクッとこたえあわせ

月　日

## 書いて覚えよう！

教 84ページ　**測**　ソク　はかる（はねる）
12画　測測測測測測測測測測測測
観測（かんそく）　測定（そくてい）　身長（しんちょう）を測（はか）る
測（さんずい）

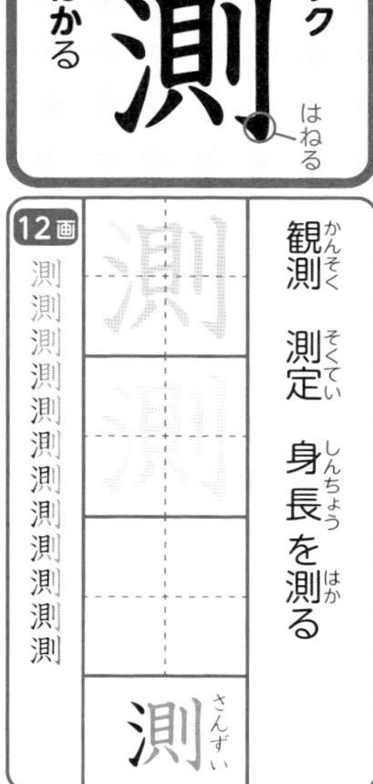

教 84ページ　**舎**　シャ（長く）
8画　舎舎舎舎舎舎舎舎
校舎（こうしゃ）　宿舎（しゅくしゃ）　駅舎（えきしゃ）
舎（した）

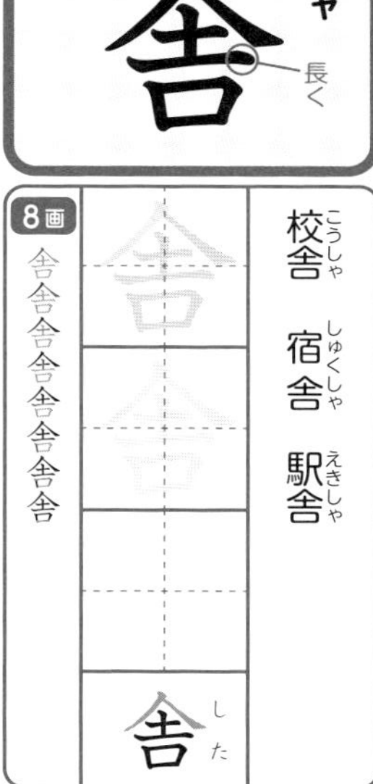

教 84ページ　**往**　オウ（少し長く）
8画　往往往往往往往往
往復（おうふく）　往路（おうろ）　往年（おうねん）　往来（おうらい）
往（ぎょうにんべん）

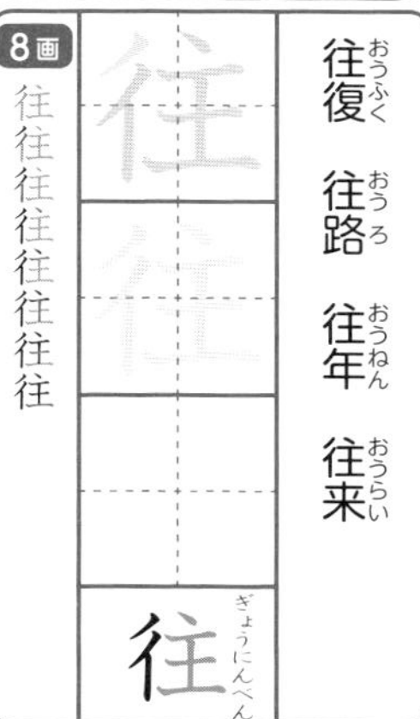

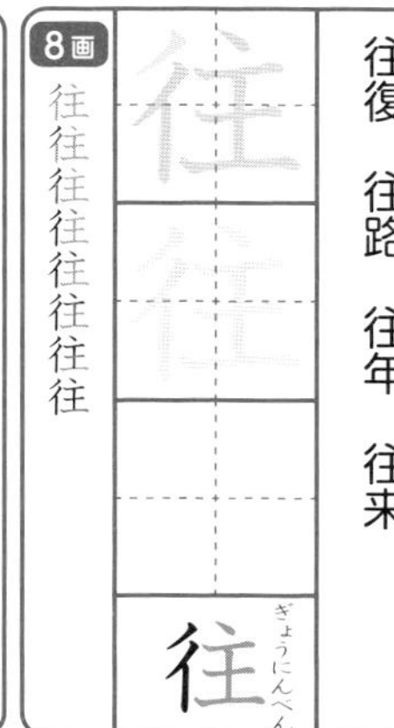

教 85ページ　**演**　エン（つける）
14画　演演演演演演演演演演演演演演
公演（こうえん）　出演（しゅつえん）　演奏会（えんそうかい）　演説（えんぜつ）
演（さんずい）

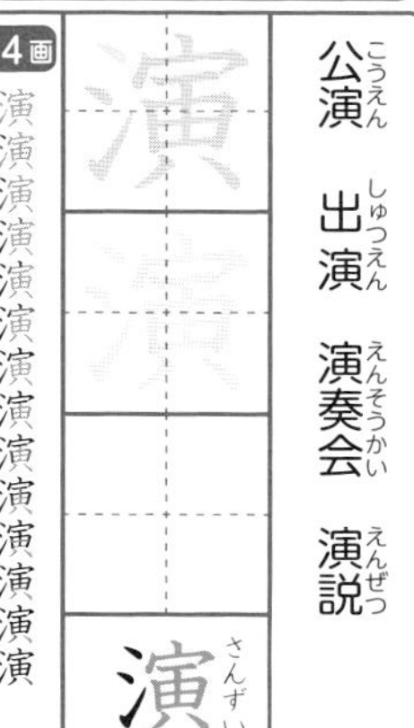

教 85ページ　**刊**　カン（はねる）
5画　刊刊刊刊刊
夕刊（ゆうかん）　朝刊（ちょうかん）　刊行（かんこう）　新刊（しんかん）
刊（りっとう）

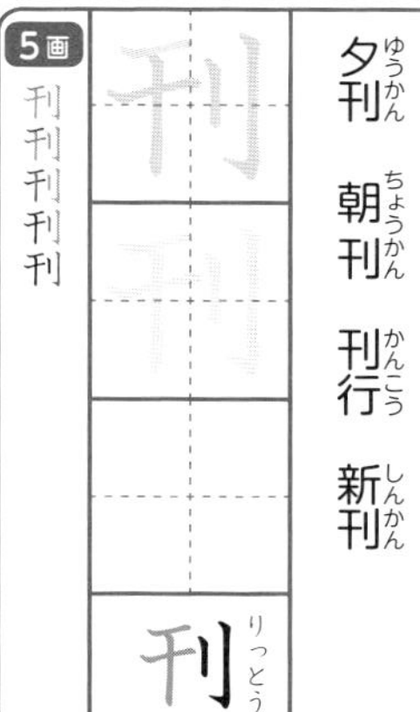

## 読んで覚えよう！

●…読み方が新しい漢字　‖…おくりがな

教 84ページ　計　ケイ　はか‖る　はから‖う

**1** 読みがなを書きましょう。　20点（一つ4）

① 池の深さを測る。（　　）

② 校舎を建てる。（　　）

③ 駅伝の往路。（　　）

④ 公演を楽しむ。（　　）

⑤ 週刊誌（し）を読む。（　　）

← うらのページに続くよ！



教科書 84～85ページ

## 2 あてはまる漢字を書きましょう。

80点（一つ10）

① 家の柱で、弟の身長を［はか］る。

② 今夜は兄の［てんたいかんそく］を手伝う。

③ 百メートル走のタイムを［はか］る。

④ 練習が終わったら［しゅくしゃ］にもどる。

⑤ ［えきしゃ］から乗客が出てきた。

⑥ 車の［おうらい］が多いので注意する。

⑦ 役者の感情をこめた［えんぎ］に感動する。

⑧ 父が新聞の［ちょうかん］を読んでいる。

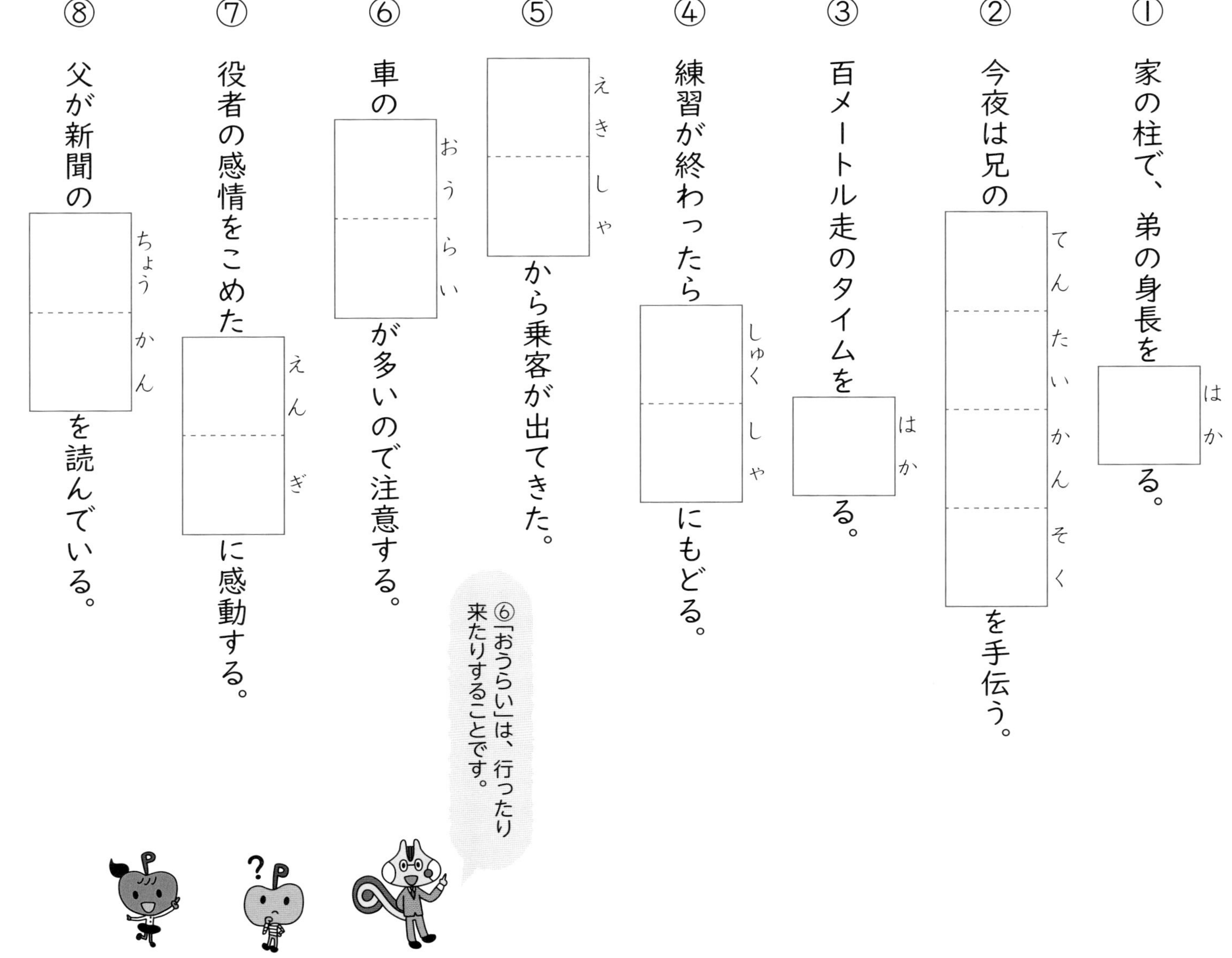


ヒント ２ ⑦「えん」の十画目は、上につき出さないように注意しましょう。

きほんのドリル 17

# 同じ読み方の漢字 (2)

時間 15分　合格80点　／100

答え 100ページ

月　日

## 書いて覚えよう！

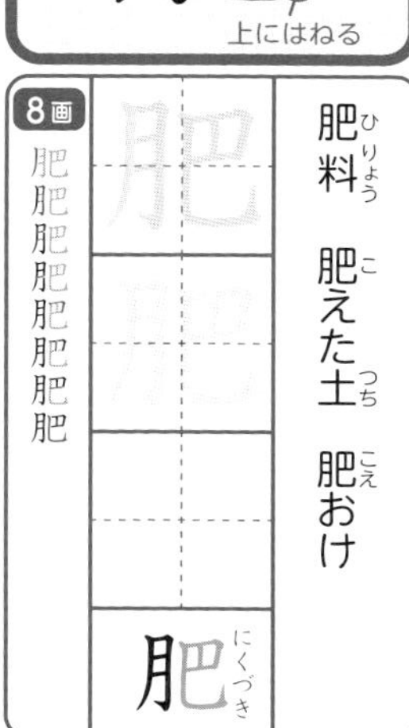

教85ページ　**肥** ヒ　こえる・こえ・こやす・こやし　（上にはねる）　8画
肥料（ひりょう）　肥えた土（こえたつち）　肥おけ（こえおけ）
肥（にくづき）

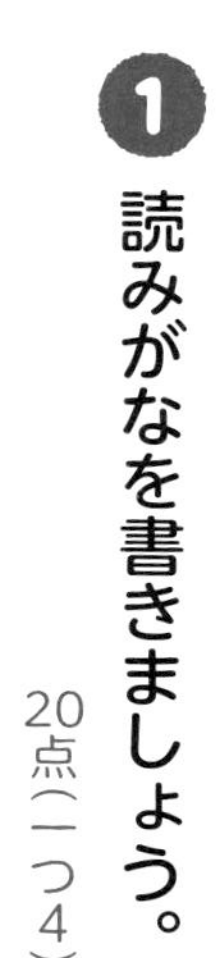
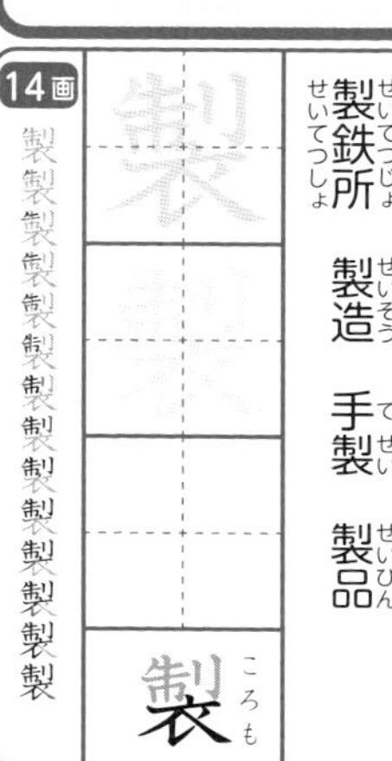

教85ページ　**製** セイ　（はねる）　14画
製鉄所（せいてつじょ）　製造（せいぞう）　手製（てせい）　製品（せいひん）
製（ころも）

教85ページ　**謝** シャ　（はねる）　17画
謝罪（しゃざい）　感謝（かんしゃ）　謝礼（しゃれい）　月謝（げっしゃ）
謝（ごんべん）

教85ページ　**罪** ザイ・つみ　「四」にしない　13画
謝罪（しゃざい）　無罪（むざい）　罪をつぐなう（つみをつぐなう）
罪（あみがしら・あみめ）

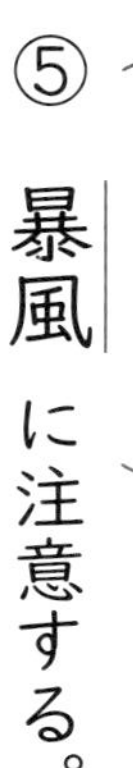
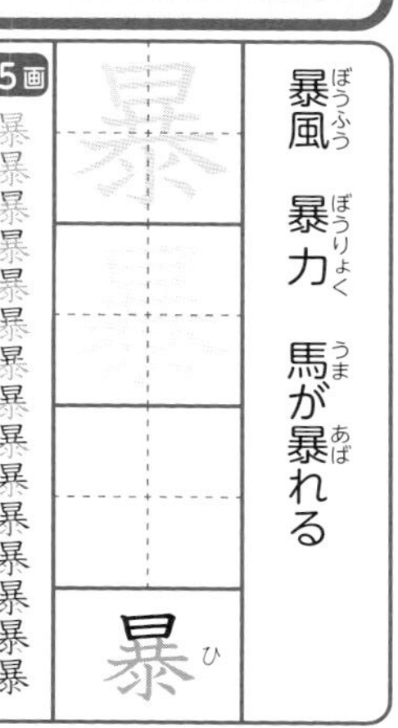

教85ページ　**暴** ボウ・あばれる　（はねる）　15画
暴風（ぼうふう）　暴力（ぼうりょく）　馬が暴れる（うまがあばれる）
暴（ひ）

## 読んで覚えよう！

●…読み方が新しい漢字

教85ページ　**糸** シ・いと

教85ページ　**牛** ギュウ・うし

**1** 読みがなを書きましょう。　20点（一つ4）

① 畑に 肥料（　　） をまく。

② 製糸（　　） 工場で働く。

③ 謝罪（　　） を受ける。

④ 罪（　　） をつぐなう。

⑤ 暴風（　　） に注意する。

うらのページに続くよ！

## 2 あてはまる漢字を書きましょう。

80点（一つ10）

① 新しく開発された［ひりょう］を畑にまく。

② ［せいし］工場でかいこのまゆを使用する。

③ 加工された［せいひん］が店頭にならぶ。

④ ［ぎゅうにく］を二百グラム買う。

⑤ 親友に［かんしゃ］の言葉を伝える。

⑥ 裁判(さいばん)で［むざい］の判(はん)決が下る。

⑦ 何があっても［ぼうりょく］には反対する。

⑧ うれしくて［あば］れる犬を落ち着かせる。

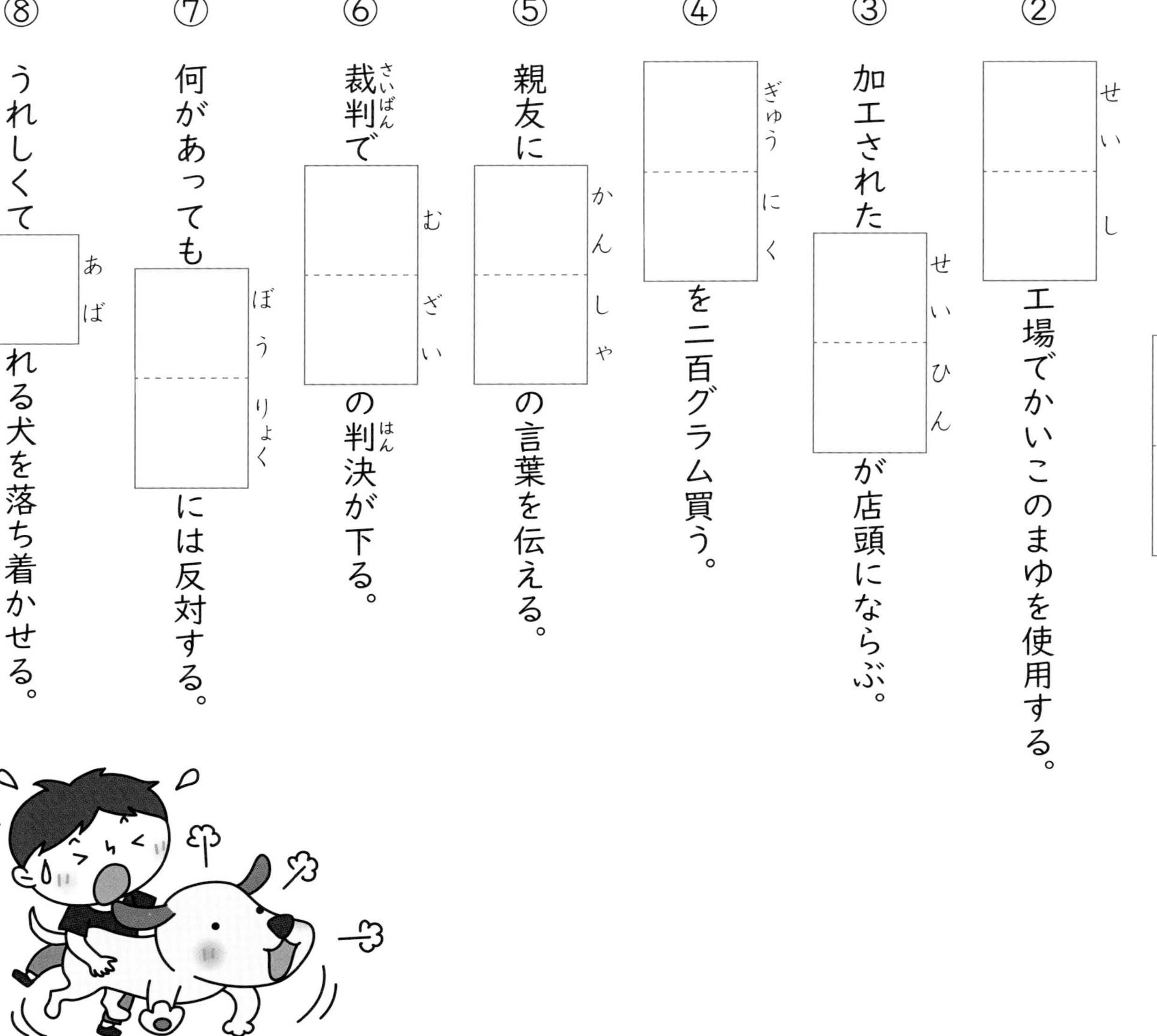

ヒント 2 ⑦「ぼう」、⑧「あばれる」の十一～十五画目の形は「水」ではないので注意しましょう。

# 同じ読み方の漢字（3）

時間15分　合格80点　／100

答え100ページ

月　日

## 書いて覚えよう！

| 漢字 | 読み | 画数 | 筆順 | ことば |
| --- | --- | --- | --- | --- |
| 防（教85ページ） | ボウ・ふせぐ | 7画 | 防防防防防防防 | 防風林（ぼうふうりん）、防水（ぼうすい）、火事を防ぐ（かじをふせぐ）　部首：こざとへん |
| 鉱（教85ページ） | コウ | 13画 | 鉱鉱鉱鉱鉱鉱鉱鉱鉱鉱鉱鉱鉱 | 鉱石（こうせき）、金鉱（きんこう）、鉱物（こうぶつ）、鉱山（こうざん）　部首：かねへん |
| 績（教85ページ） | セキ | 17画 | 績績績績績績績績績績績績績績績績績 | 功績（こうせき）、成績（せいせき）、業績（ぎょうせき）、実績（じっせき）　部首：いとへん |
| 志（教85ページ） | シ・こころざす・こころざし | 7画 | 志志志志志志志 | 意志（いし）、医者を志す（いしゃをこころざす）、志（こころざし）　部首：こころ |
| 航（教85ページ） | コウ | 10画 | 航航航航航航航航航航 | 航海（こうかい）、出航（しゅっこう）、航空（こうくう）、航路（こうろ）　部首：ふねへん |

## 読んで覚えよう！

●…読み方が新しい漢字

教85ページ　男　ダン・おとこ

**1** 読みがなを書きましょう。　20点（一つ4）

① 防水（　　）された時計。

② 鉱石（　　）を調べる。

③ 功績（　　）を上げる。

④ 志（　　）をつらぬく。

⑤ 航海（　　）を楽しむ。

うらのページに続くよ！

## 2 あてはまる漢字を書きましょう。

80点（一つ10）

① 【ぼうおん】された部屋で、楽器を演奏（そう）する。

② 病気が広まるのを【ふせ】ぐために、会社を休む。

③ 日本に【てっこうせき】を輸（ゆ）入する。

④ 努力した結果、【せいせき】が上がった。

⑤ 作家になろうと【こころざし】を立てる。

⑥ 姉は【しぼうこう】に入学できた。

⑦ 背（せ）の高い【だんせい】に道を聞かれる。

⑧ 船が近くの港に向けて、最短の【こうろ】をとる。

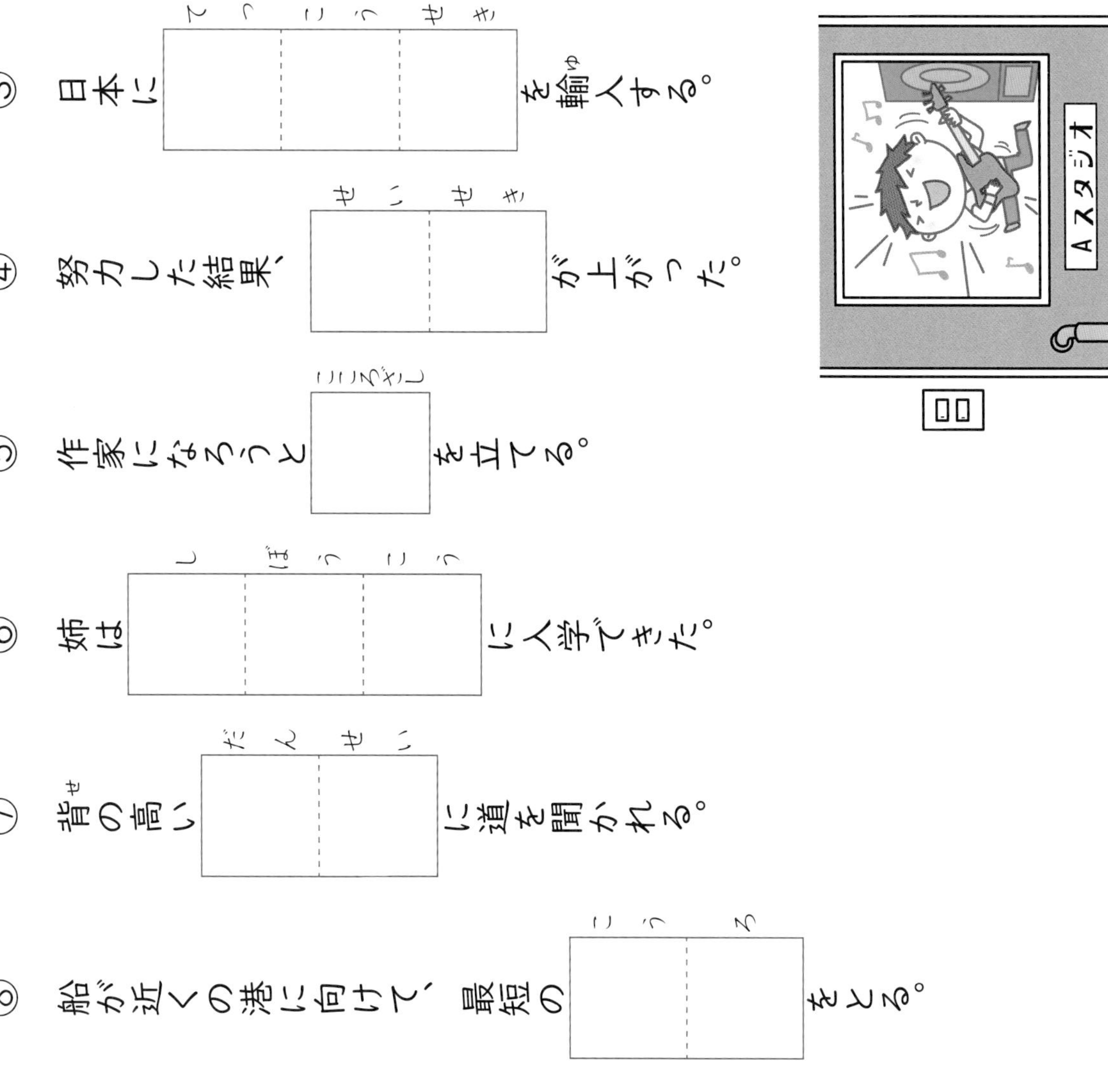


ヒント 2 ④「せき」は「積」と書かないように注意しましょう。

# きほんのドリル 19

## 作家で広げる わたしたちの読書
## モモ (1)

時間 15分
合格80点
/100
サクッとこたえあわせ
答え 100ページ
月　日

### 書いて覚えよう！

教90ページ
**夢** ム ゆめ（はねる）
13画
夢中（むちゅう）　悪夢（あくむ）　夢を見る（ゆめをみる）
部首：夕（ゆうべ）

教91ページ
**編** ヘン あむ（「用」ではない）
15画
編集（へんしゅう）　編成（へんせい）　毛糸で編む（けいとであむ）
部首：糸（いとへん）

教92ページ
**険** ケン けわしい（出ない）
11画
危険（きけん）　険悪（けんあく）　道が険しい（みちがけわしい）
部首：阝（こざとへん）

教94ページ
**断** ダン ことわる（とめる）
11画
無断（むだん）　判断（はんだん）　参加を断る（さんかをことわる）
部首：斤（おのづくり）

教94ページ
**境** キョウ さかい（上にはねる）
14画
国境（こっきょう・くにざかい）　境界（きょうかい）　生死の境（せいしのさかい）
部首：土（つちへん）

### 読んで覚えよう！

●…読み方が新しい漢字

教94ページ
**角** カク かど

**1** 読みがなを書きましょう。 20点（一つ4）

① 夢中（　　）になる。

② 長編（　　）のドラマ。

③ 険悪（　　）なムード。

④ 無断（　　）で欠席する。

⑤ 境界線（　　）をこえる。

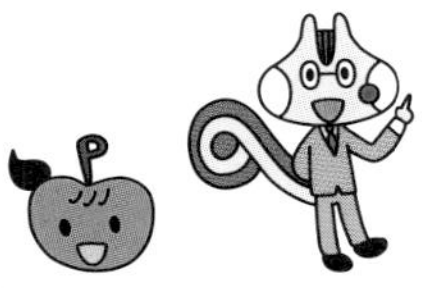

うらのページに続くよ！

教科書 88～99ページ

## ❷ あてはまる漢字を書きましょう。

80点（一つ10）

① 遊園地で［むちゅう］になって遊ぶ。

② 旅先で六両［へんせい］の電車に乗る。

③ 妹のマフラーを［あ］むために毛糸を買う。

④ 危［けん］な場所に立ち入らないように注意された。

⑤ 父は話を聞いて［けわ］しい表情になった。

⑥ どんなによい条件（じょうけん）でも［ゆだん］しない。

⑦ 友人の［しんきょう］の変化の理由が分かる。

⑧ 道の［かど］の新しい家には犬がいる。

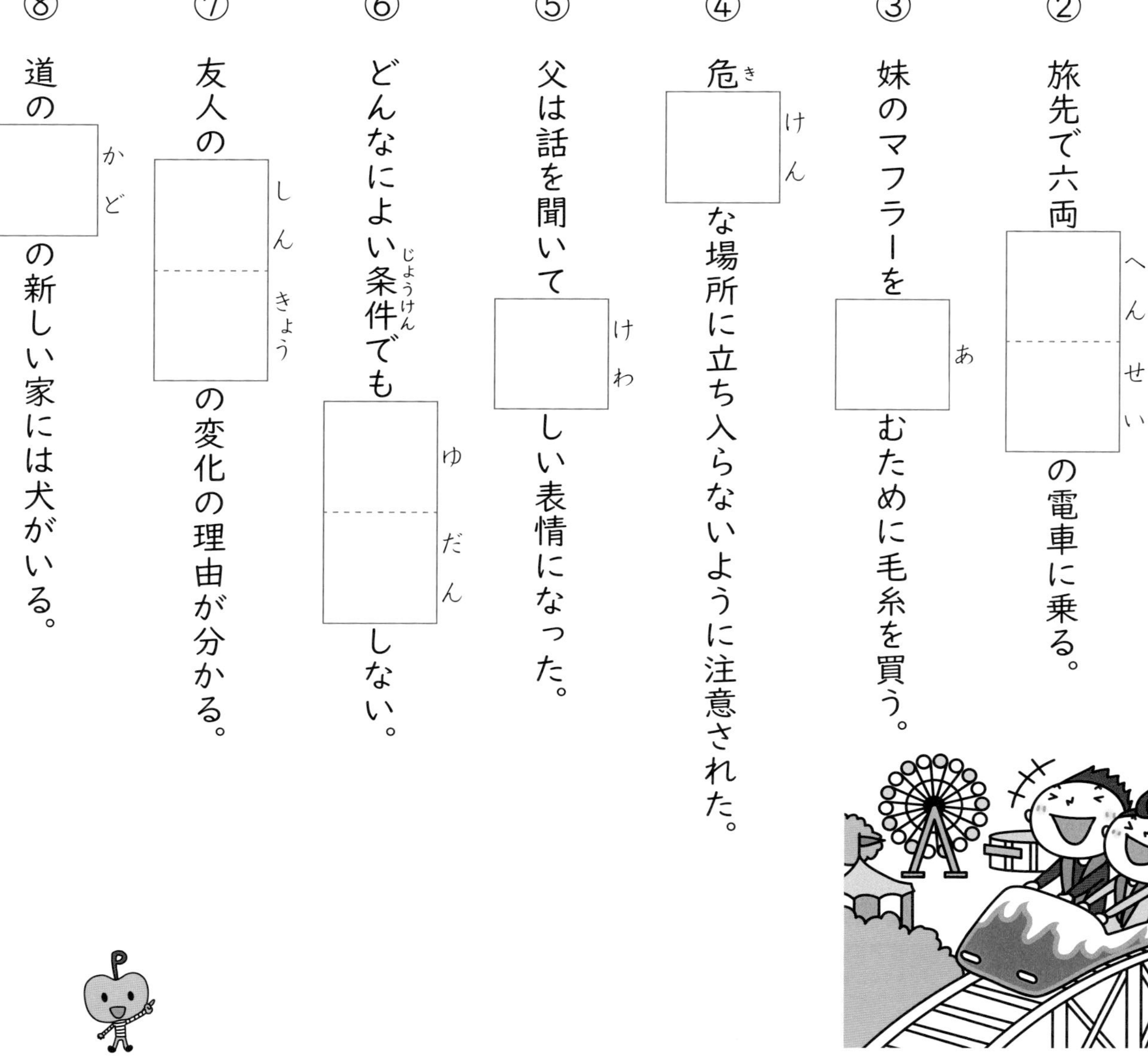

ヒント ❷ ②「へん」、③「あむ」の「冊」を「用」と書かないように注意しましょう。

# モモ (2)

時間15分　合格80点　／100

答え100ページ

月　日

## 書いて覚えよう！

教96ページ

**態** タイ
「⺣」ではない
14画
実態（じったい）　態度（たいど）　生態（せいたい）　事態（じたい）
態（こころ）

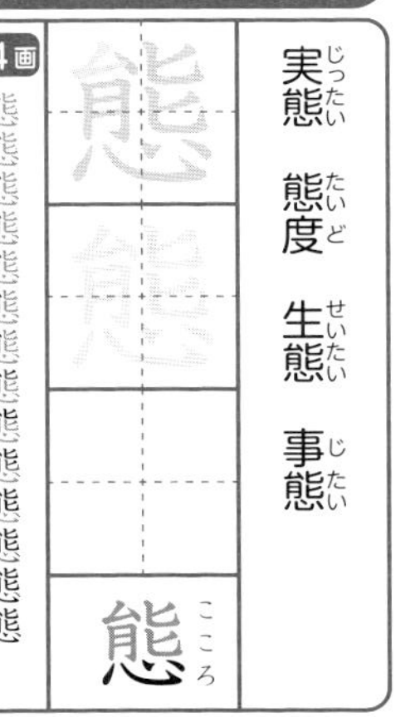

教96ページ

**逆** ギャク　さか　さからう
はらう
9画
逆転（ぎゃくてん）　逆立ち（さかだち）　逆らう（さからう）
逆（しんにょう）

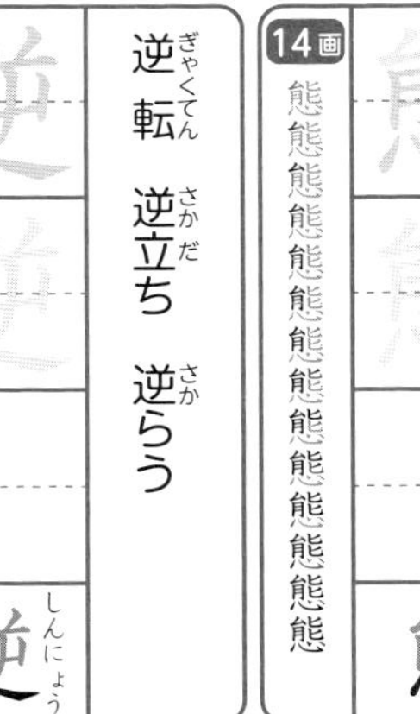

教96ページ

**判** ハン　バン
はねる
7画
判断（はんだん）　判定（はんてい）　評判（ひょうばん）　大判（おおばん）
判（りっとう）

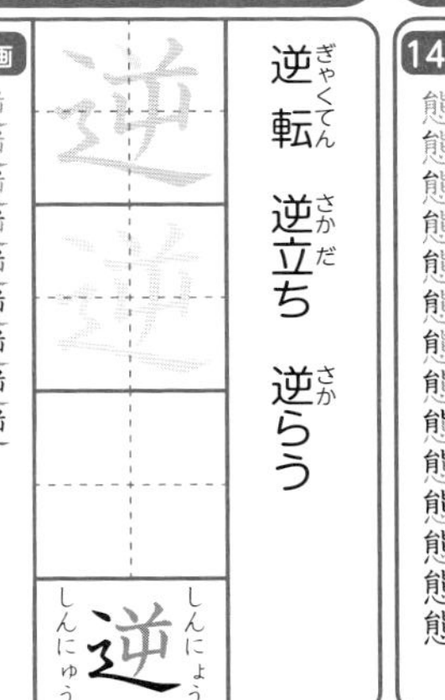

教98ページ

**圧** アツ
はなす
5画
圧縮（あっしゅく）　圧力（あつりょく）　圧勝（あっしょう）　水圧（すいあつ）
圧（つち）

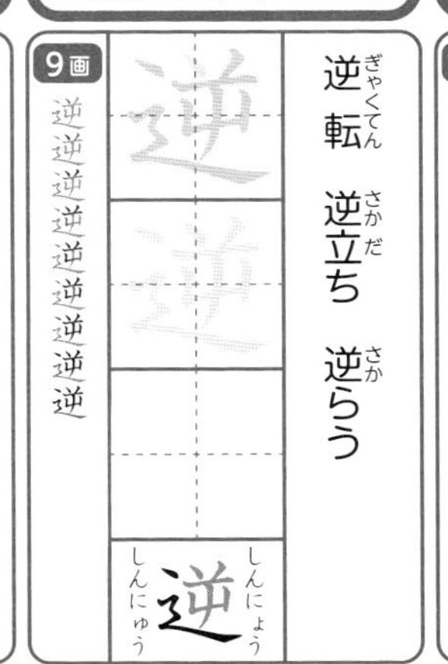

## 読んで覚えよう！

●…読み方が新しい漢字

教97ページ
左　サ　ひだり

教97ページ
右　ユウ　みぎ

教科書 92〜99ページ

## 1 読みがなを書きましょう。
28点(一つ4)

① 態度に表す。（　　）

② 逆方向に進む。（　　）

③ 流れに逆らう。（　　）

④ 箱を逆さにする。（　　）

⑤ 裁（さい）判で証（しょう）言する。（　　）

⑥ 正しい判断。（　　）

⑦ 水圧をかける。（　　）

うらのページに続くよ！

## ❷ あてはまる漢字を書きましょう。

72点（一つ9）

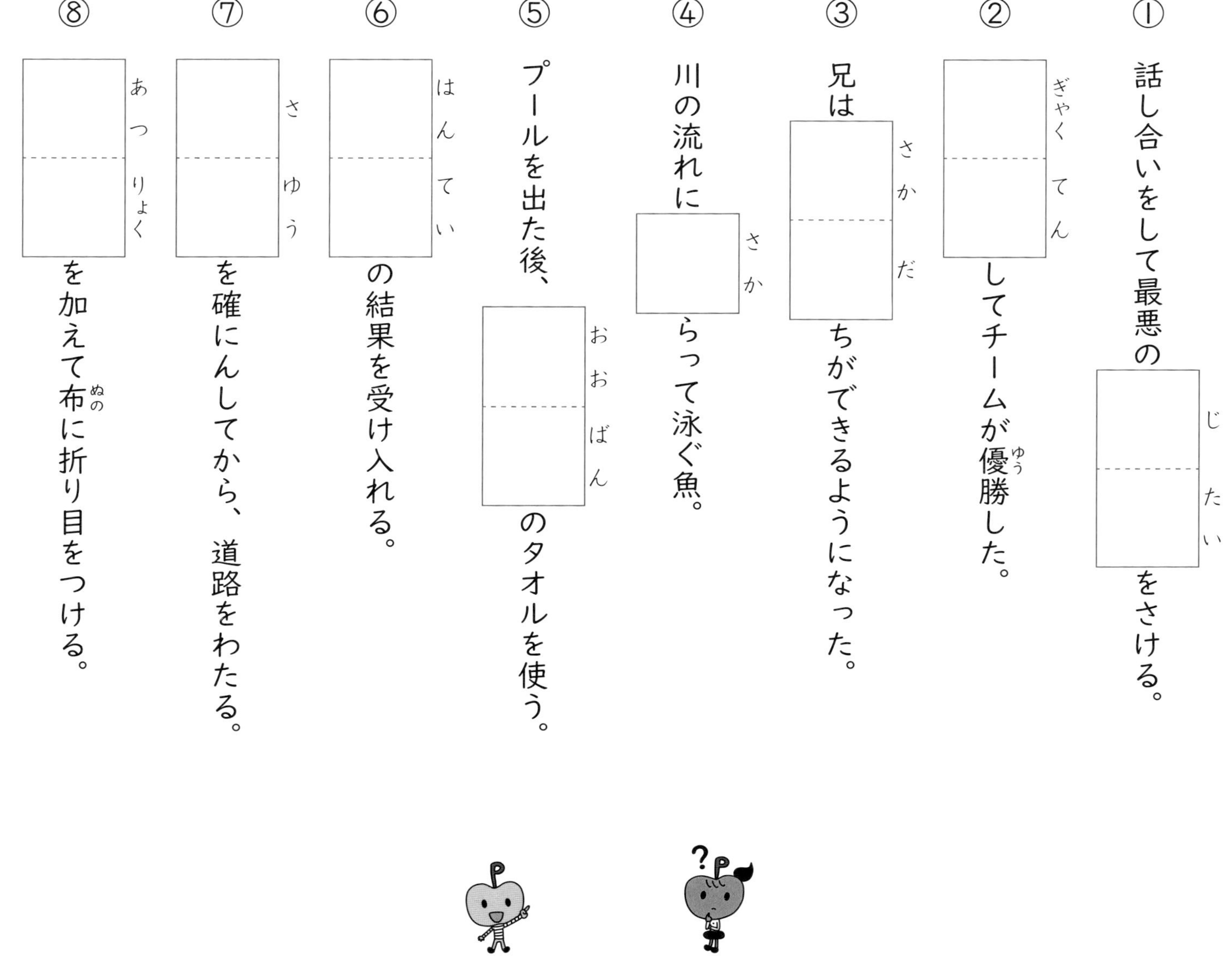

① 話し合いをして最悪の［じたい］をさける。

② ［ぎゃくてん］してチームが優勝（ゆう）した。

③ 兄は［さかだ］ちができるようになった。

④ 川の流れに［さか］らって泳ぐ魚。

⑤ プールを出た後、［おおばん］のタオルを使う。

⑥ ［はんてい］の結果を受け入れる。

⑦ ［さゆう］を確にんしてから、道路をわたる。

⑧ ［あつりょく］を加えて布（ぬの）に折り目をつける。

ヒント ❷ ②「ぎゃく」、③「さか」、④「さからう」の六画目は、上につき出さないように注意しましょう。

# 夏休みのホームテスト 21

## 四月から七月に習った漢字と言葉

**1 漢字の読みがなを書きましょう。** 16点（一つ2）

① 印象（　）に残る言葉。

② アルバムを編集（　）する。

③ 自動車を製造（　）する。

④ 兄との約束を破（　）る。

⑤ 電波の接続（　）が切れる。

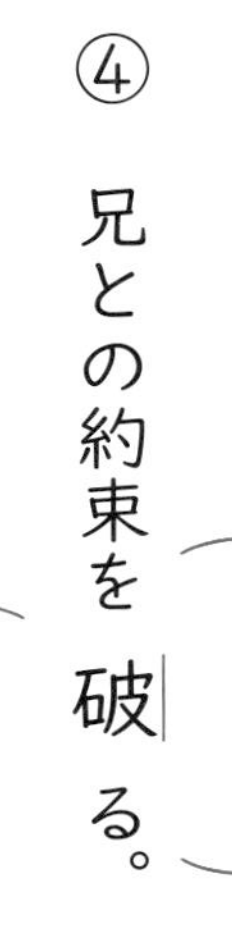

⑥ 長時間、バスが停留（　）する。

⑦ 災（さい）害時に備（　）える。

⑧ 武士（　）について書かれた本。

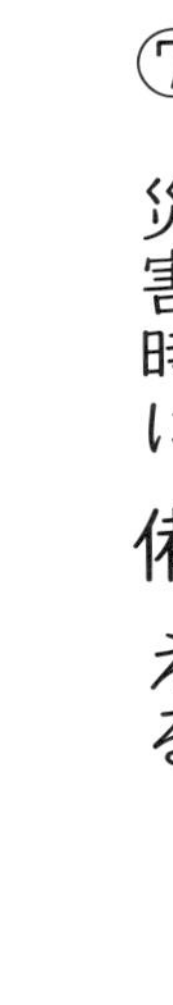

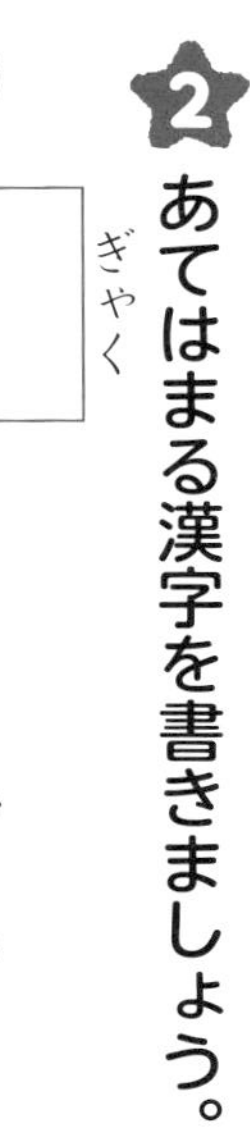

**2 あてはまる漢字を書きましょう。** 24点（一つ3）

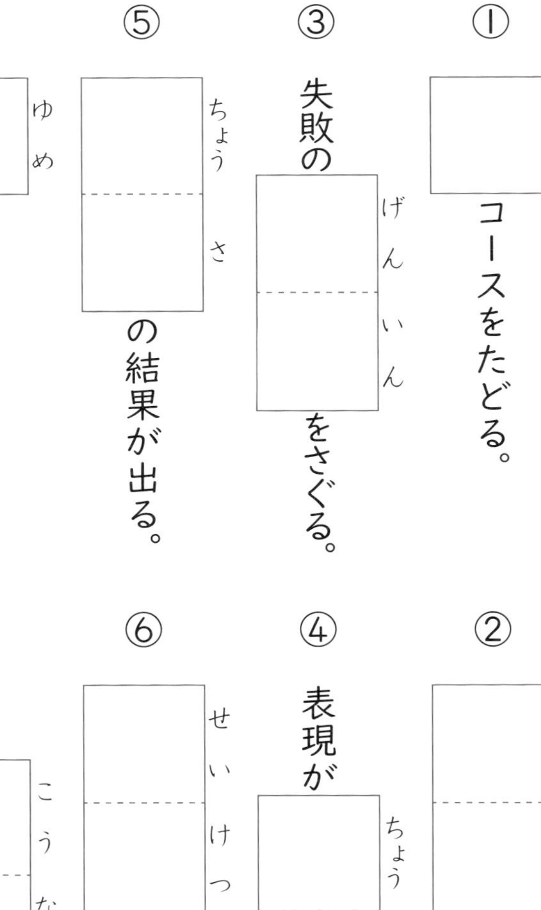

① □（ぎゃく）コースをたどる。

② □□（おうふく）きっぷを買う。

③ 失敗の□□（げんいん）をさぐる。

④ 表現が□□（ちょうふく）する。

⑤ □□（ちょうさ）の結果が出る。

⑥ □□（せいけつ）なタオル。

⑦ □（ゆめ）をかなえる。

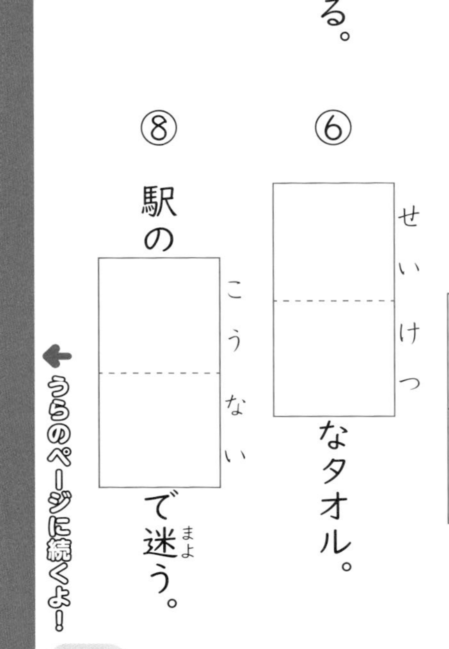

⑧ 駅の□□（こうない）で迷（まよ）う。

うらのページに続くよ！

**3 次の成り立ちの漢字を、それぞれあとから選び、記号で書きましょう。** 12点(完答一つ3)

① 目に見える物の形を、具体的にえがいたもの。

② 目に見えない事がらを、印や記号を使って表したもの。

③ 漢字の意味を組み合わせたもの。

④ 音(おん)を表す部分と、意味を表す部分を組み合わせたもの。

ア 銅　イ 三　ウ 鳴　エ 魚　オ 下　カ 明　キ 馬　ク 際

①（　・　）　②（　・　）　③（　・　）　④（　・　）

**4 同じ訓読みをもつ漢字を〔　〕から選んで書きましょう。** 24点(一つ4)

① あつい〔厚　熱　暑〕

ア おふろのお湯が□い。

イ 今年の夏は□い。

ウ ページ数が多く□い本。

② はかる〔測　計　量〕

ア 通学の時間を□る。

イ 荷物の重さを□る。

ウ 枝(えだ)の長さを□る。

**5 次の上と下の――線の熟語(じゅく)は同じ読み方をします。□に入る漢字を書きましょう。** 24点(一つ3)

① 鉱石―功□を示す。　□

② 漢字―□事長になる。　□

③ 後者―新しい校□。　□

④ 用意―容□な問題。　□

⑤ 防風林―□風がふく。　□

⑥ 週間―週□誌(し)。　□

⑦ 公園―劇(げき)の公□を見る。　□

⑧ 公開―□海に出る。　□

きほんのドリル 22

# どちらを選びますか
# 新聞を読もう

時間 15分　合格80点　／100

答え 101ページ

月　日

## 書いて覚えよう！

| 漢字 | 読み | 画数・筆順 | 言葉 |
|---|---|---|---|
| 得（教105ページ） | トク・える（はねる） | 11画 得得得得得得得得得得得（ぎょうにんべん） | 得意（とくい）　得点（とくてん）　協力（きょうりょく）を得（え）る |
| 比（教105ページ） | ヒ・くらべる（上にはねる） | 4画 比比比比（ならびひ・くらべる） | 対比（たいひ）　比例（ひれい）　力（ちから）を比（くら）べる |
| 政（教106ページ） | セイ（「又」としない） | 9画 政政政政政政政政政（のぶん・ぼくづくり） | 政府（せいふ）　政治家（せいじか）　行政（ぎょうせい）　政党（せいとう） |
| 興（教106ページ） | コウ・キョウ（出る） | 16画 興興興興興興興興興興興興興興興興（うす） | 興行（こうぎょう）　興業（こうぎょう）　復興（ふっこう）　興味（きょうみ） |
| 示（教108ページ） | ジ・しめす（はねる） | 5画 示示示示示（しめす） | 指示（しじ）　提示（ていじ）　手本（てほん）を示（しめ）す |

**1** 読みがなを書きましょう。　28点（一つ4）

① 得意（　　）な教科。

② 同意を得（　　）る。

③ 記事を比（　　）べる。

④ 二つの案を対比（　　）させる。

⑤ 政治（　　）を学ぶ。

⑥ 興味（　　）がわく。

⑦ 行き先を示（　　）す。

うらのページに続くよ！

## ❷ あてはまる漢字を書きましょう。

72てん（一つ9）

① 味方のチームが［とく｜てん］を重ねる。

② クラスが団結(だん)するために、全員の協力を［え］る。

③ 父と兄の身長を［くら］べる。

④ 新聞で［せい｜ふ］の正式な発ぴょうを知る。

⑤ どんなことにも［きょう｜み］を持って取り組む。

⑥ 白熱するサッカーの試合に、観客が［こう］奮(ふん)する。

⑦ 観光客に、今いる場所を地図で［しめ］す。

⑧ 牛乳(にゅう)パックに［ひょう｜じ］されている成分を見る。

ヒント ❷ ③「くらべる」は左側・右側とも、二画で書きましょう。

きほんのドリル 23

# 文章に説得力をもたせるには たずねびと (1)

## 書いて覚えよう！

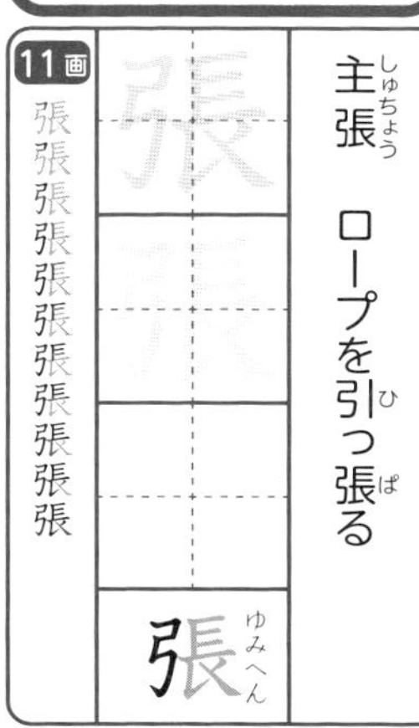

教110ページ
**張** チョウ はる（はねる）
11画 張張張張張張張張張張張
主張（しゅちょう）　ロープを引（ひ）っ張（ぱ）る
張（ゆみへん）

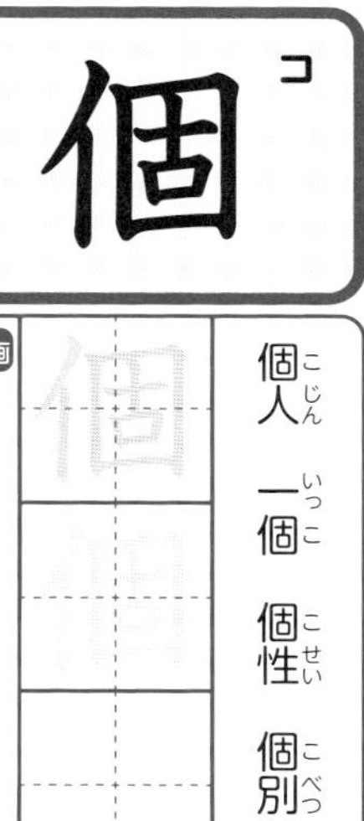

教111ページ
**個** コ
10画 個個個個個個個個個個
個人（こじん）　一個（いっこ）　個性（こせい）　個別（こべつ）
個（にんべん）

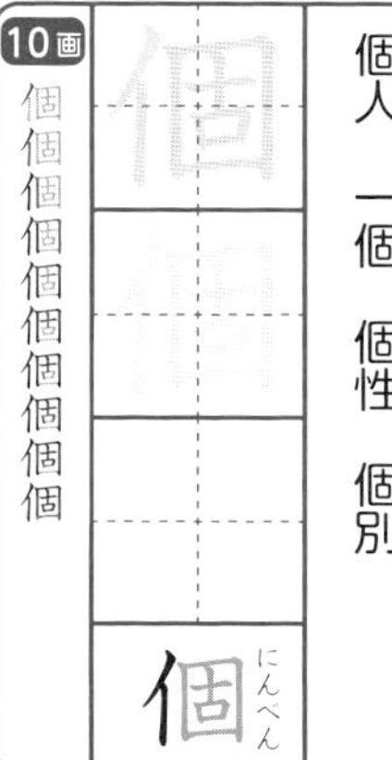
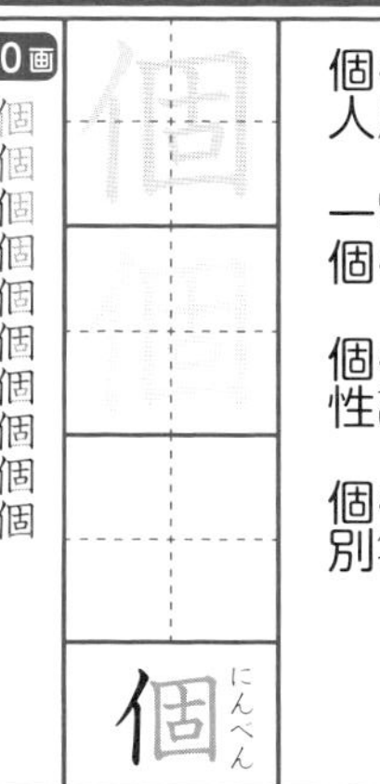

教110ページ
**支** シ ささえる（はなす）
4画 支支支支
支店（してん）　支配（しはい）　体（からだ）を支（ささ）える
支（し）

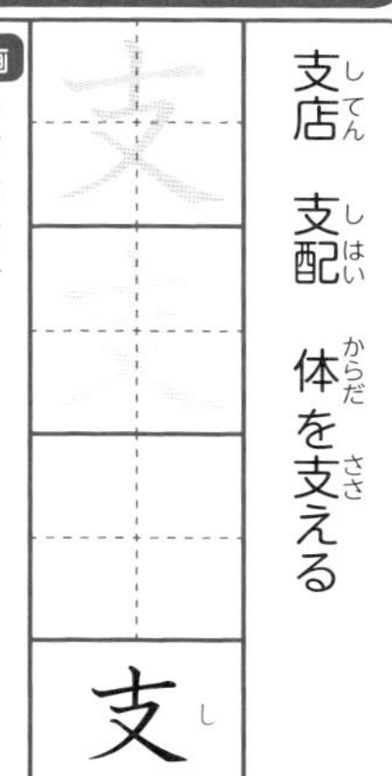

教114ページ
**迷** まよう（とめる）
9画 迷迷迷迷迷迷迷迷迷
道（みち）に迷（まよ）う　迷（まよ）わず進（すす）む
迷（しんにょう・しんにゅう）

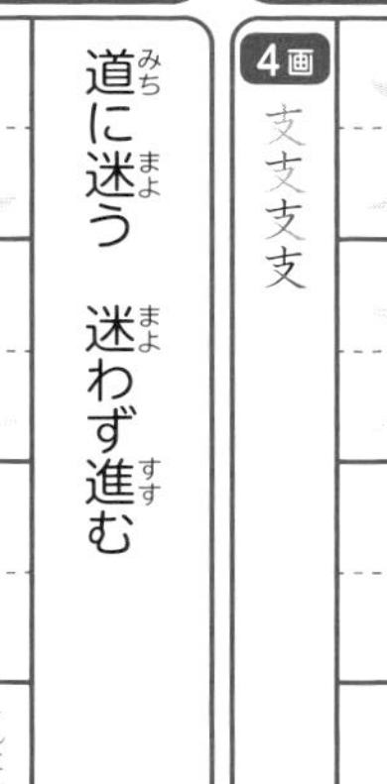

教117ページ
**在** ザイ ある（少し出す）
6画 在在在在在在
実在（じつざい）　現在（げんざい）　会議（かいぎ）の在（あ）り方（かた）
在（つち）

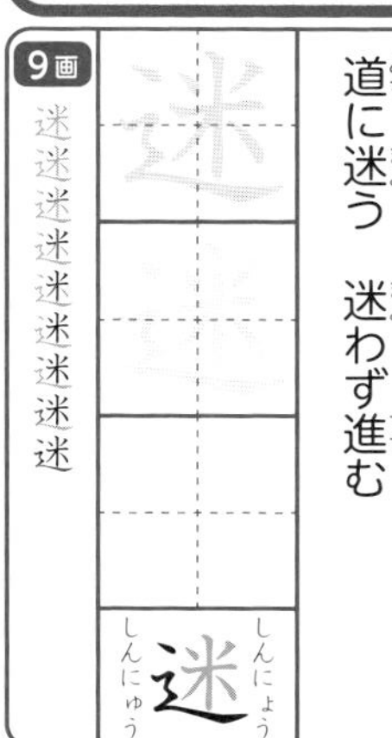

## 1 読みがなを書きましょう。

28点（一つ4）

① 議会で主張（　　）する。

② 胸（むね）を張（　　）る。

③ 個人（　　）で結果を出す。

④ 両手で支（　　）える。

⑤ ホテルの支配人（　　）。

⑥ 道に迷（　　）う。

⑦ 実在（　　）する人物。

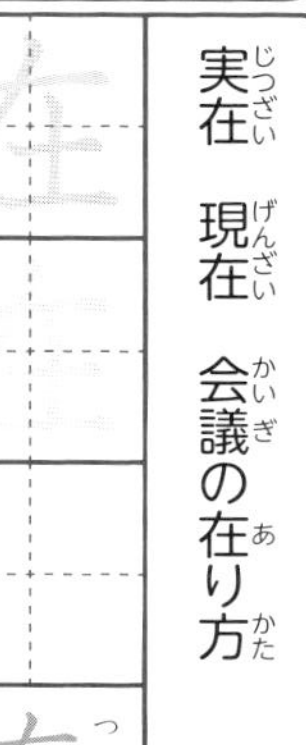

← うらのページに続くよ！

## ❷ あてはまる漢字を書きましょう。

72点（ひとつ9）

① 今日から三週間、父は外国へ［しゅっちょう］する。

② バレエの先生に［こべつ］の指導（どう）をお願いする。

③ ［いっこ］のりんごを四つに切る。

④ 大黒柱が家をしっかりと［ささ］える。

⑤ 有望な社員に［してん］を任（まか）せる。

⑥ メニューを見て、何を食べるか［まよ］う。

⑦ 姉に、愛犬の［げんざい］の様子をたずねる。

⑧ 国の東部には美しい都が［あ］る。

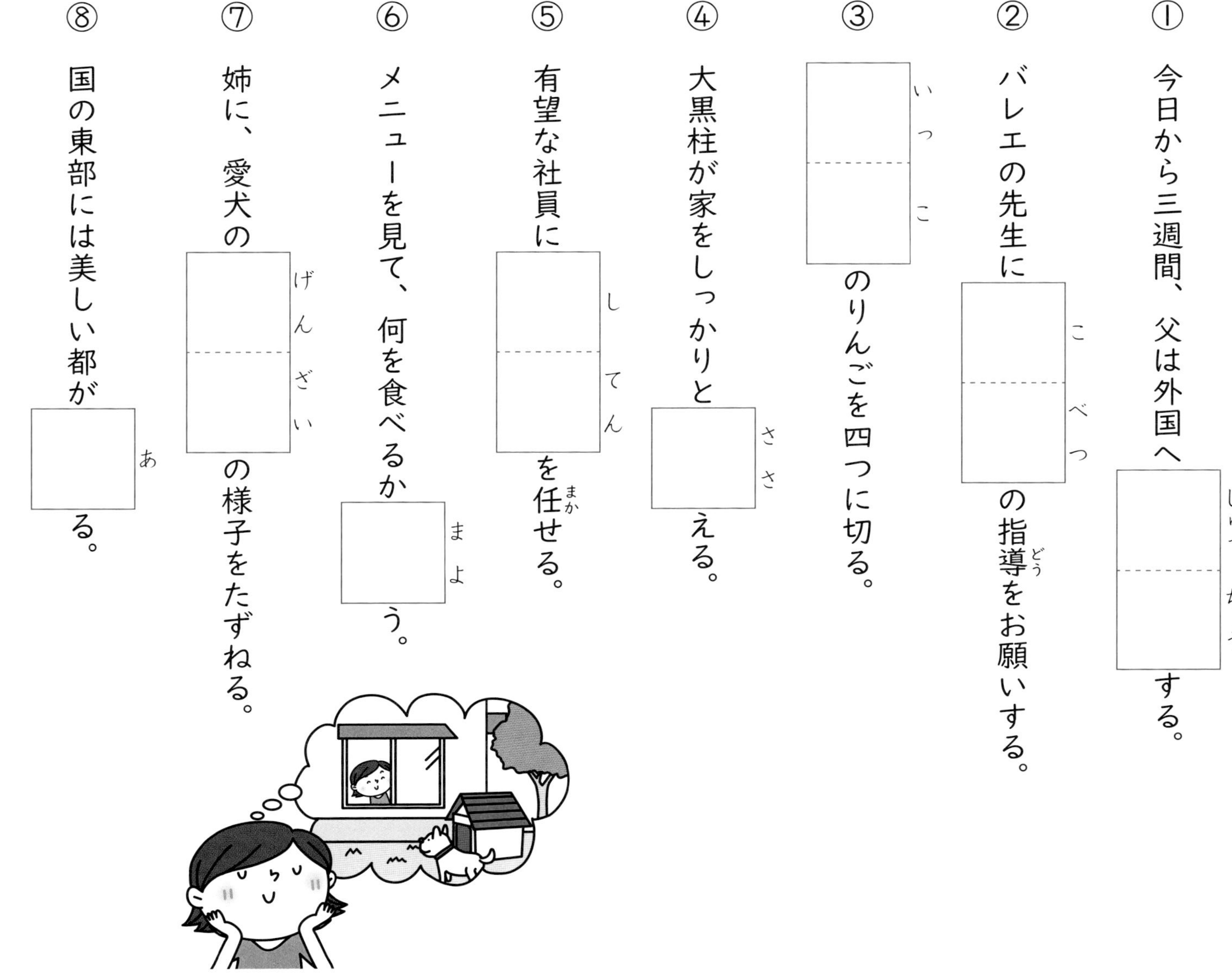

ヒント ❷ ⑧「ある」は、同じ読み方の漢字「有る」との使い分けに注意しましょう。

# きほんのドリル 24。 たずねびと (2)

時間15分　合格80点　／100

答え101ページ

月　日

## 書いて覚えよう！

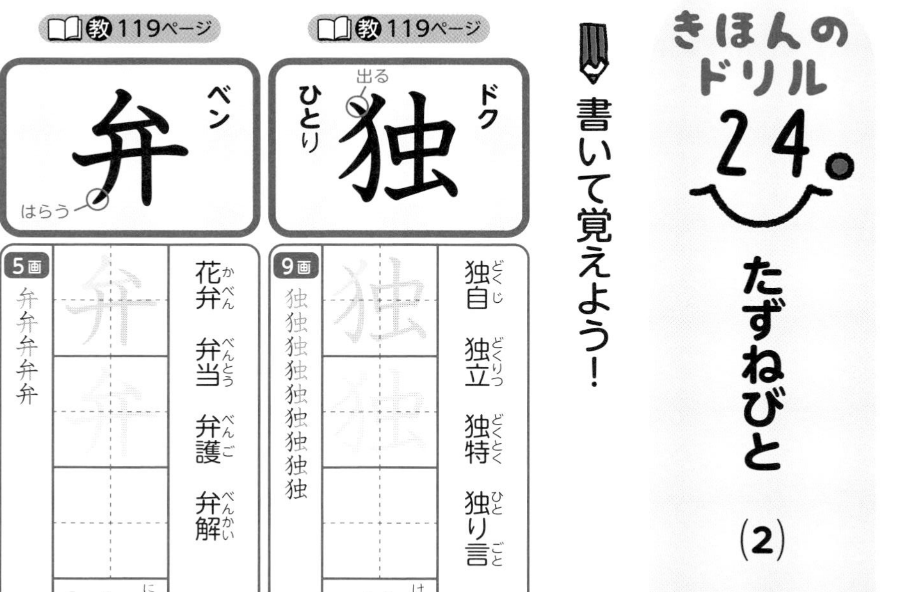

教119ページ　**独**　ドク　ひとり　（出る）
9画　けものへん
独自（どくじ）　独立（どくりつ）　独特（どくとく）　独り言（ひとりごと）

教119ページ　**弁**　ベン　（はらう）
5画　にじゅうあし・こまぬき
花弁（かべん）　弁当（べんとう）　弁護（べんご）　弁解（べんかい）

教121ページ　**検**　ケン　（出ない）
12画　きへん
検証（けんしょう）　検査（けんさ）　検算（けんざん）　点検（てんけん）

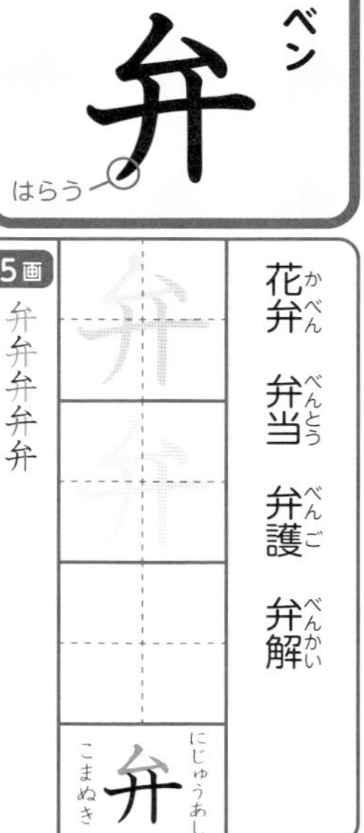

教122ページ　**提**　テイ　（はねる）
12画　てへん
提案（ていあん）　提示（ていじ）　提出（ていしゅつ）　提起（ていき）

教123ページ　**寄**　キ　よる　よせる　（長く）
11画　うかんむり
寄付（きふ）　持ち寄る（もちよる）　寄せる（よせる）

## 読んで覚えよう！

●…特別な読み方をする漢字

教122ページ　真面目（まじめ）

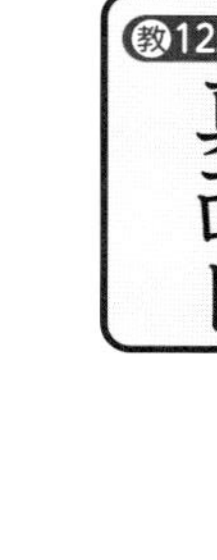
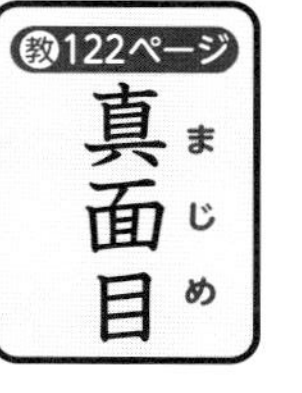

**1** 読みがなを書きましょう。　20点（一つ4）

① 独り言が多い。（　）

② 弁当を食べる。（　）

③ 線路を点検する。（　）

④ 場所を提供（きょう）する。（　）

⑤ 宿題を持ち寄る。（　）

うらのページに続くよ！

## 2 あてはまる漢字を書きましょう。

80点（一つ10）

① 兄が［ひと］りだちしたので、部屋が空いた。

② 本店から［どくりつ］して、駅前に店をだす。

③ 新しい［べんとうばこ］を買う。

④ 会場の入り口で、手荷物の［けんさ］をする。

⑤ 妹は、［まじめ］な顔で話を聞いている。

⑥ 宿題のノートを先生に［ていしゅつ］する。

⑦ 海岸に波が打ち［よ］せる。

⑧ 試合に行くための［きふ］をつのる。

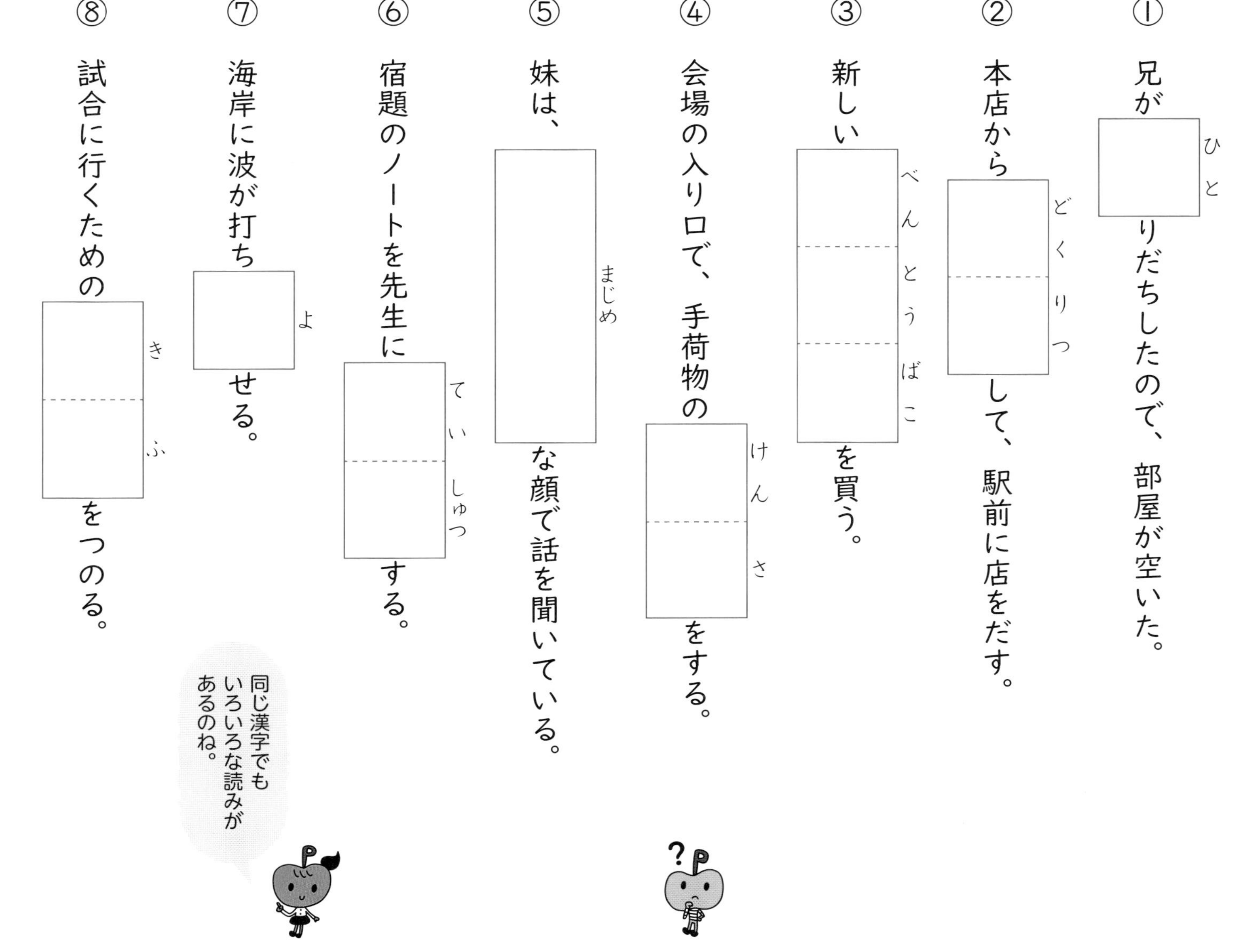


ヒント ❷ ④「けん」を「険」と書かないように注意しましょう。

きほんのドリル 25

# たずねびとと 方言と共通語 (3)

時間15分 合格80点 ／100

答え101ページ

月　日

## 書いて覚えよう！

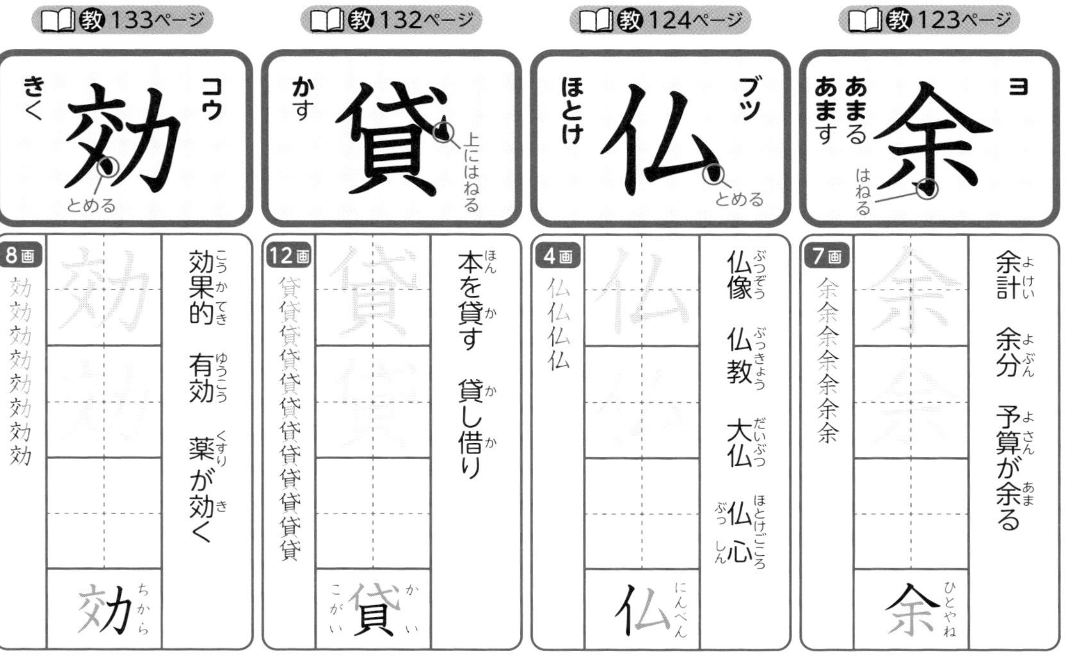

教123ページ　余　ヨ　あまる　あます　はねる　7画　余余余余余余余　余計（よけい）　余分（よぶん）　予算（よさん）が余（あま）る　余（ひとやね）

教124ページ　仏　ブツ　ほとけ　とめる　4画　仏仏仏仏　仏像（ぶつぞう）　仏教（ぶっきょう）　大仏（だいぶつ）　仏心（ほとけごころ／ぶっしん）　仏（にんべん）

教132ページ　貸　かす　上にはねる　12画　貸貸貸貸貸貸貸貸貸貸貸貸　本（ほん）を貸（か）す　貸（か）し借（か）り　貸（かい／こがい）

教133ページ　効　コウ　きく　とめる　8画　効効効効効効効効　効果的（こうかてき）　有効（ゆうこう）　薬（くすり）が効（き）く　効（ちから）

「貸」の五画目の「丶」を書きわすれないようにしよう。

## 1 読みがなを書きましょう。

28点（一つ4）

① 百人 余 りの人。（　　）

② 余分 のチケット。（　　）

③ 仏 にすがる。（　　）

④ 国宝（ほう）の 仏像。（　　）

⑤ 道具を 貸 す。（　　）

⑥ 一定の 効果 がある。（　　）

⑦ かぜ薬が 効 く。（　　）

うらのページに続くよ！

## ② あてはまる漢字を書きましょう。

72点（一つ9）

① 時間が□（あま）ったので、答案を見直す。

② □□（よけい）なことはしないようにする。

③ 「□（ほとけ）の顔も三度」だと母が言う。

④ □□（ぶっきょう）が伝来したとされる地をたずねる。

⑤ こまっている妹に手を□（か）す。

⑥ 図書館の本を□（か）し出す係になる。

⑦ 日にちが□□（ゆうこう）なチケットを持っている。

⑧ 薬が□（き）いて、頭痛（つう）が治った。

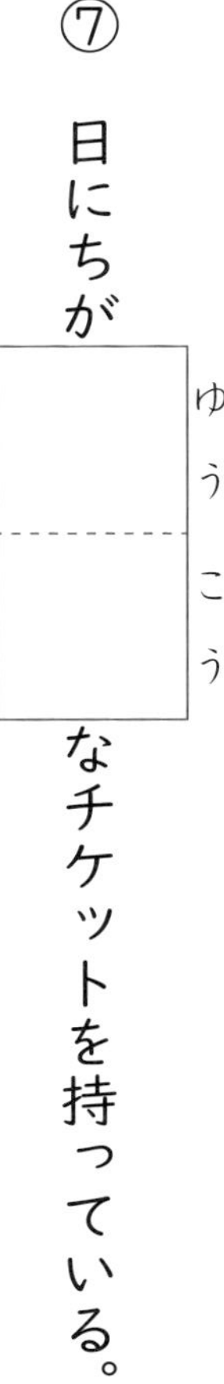

ヒント ② ⑤⑥「かす」の反対の意味の言葉は「借りる」です。

きほんのドリル 26。

# よりよい学校生活のために (1)

時間 15分　合格80点　/100

答え101ページ　月　日



## 書いて覚えよう！

教 137ページ　条（ジョウ）とめる　7画
条件（じょうけん）　条約（じょうやく）　条文（じょうぶん）　条例（じょうれい）

教 137ページ　件（ケン）出る　6画
条件（じょうけん）　用件（ようけん）　事件（じけん）　件数（けんすう）

教 137ページ　保（ホ・たもつ）とめる　9画
保護（ほご）　保管（ほかん）　健康を保つ（けんこうをたもつ）

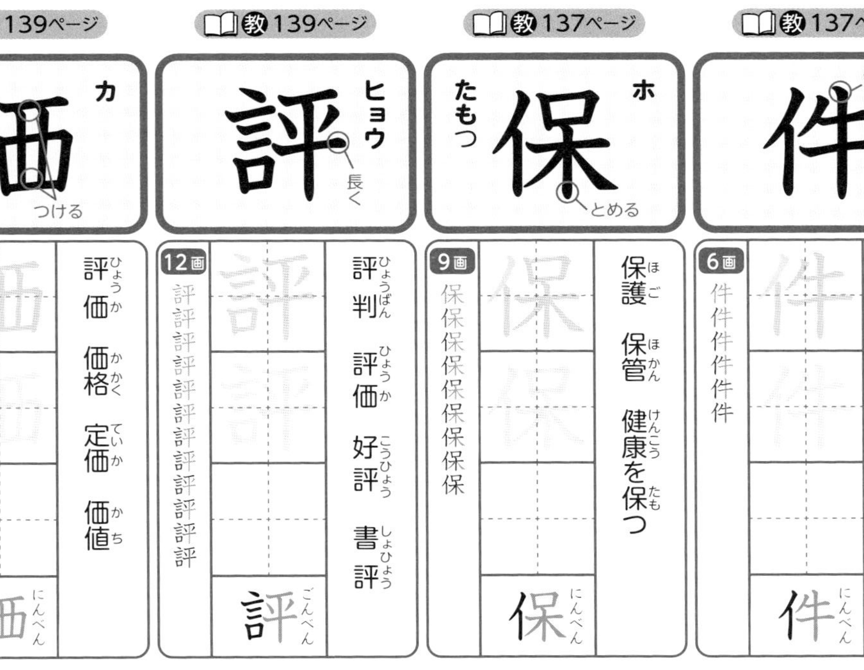

教 139ページ　評（ヒョウ）長く　12画
評判（ひょうばん）　評価（ひょうか）　好評（こうひょう）　書評（しょひょう）

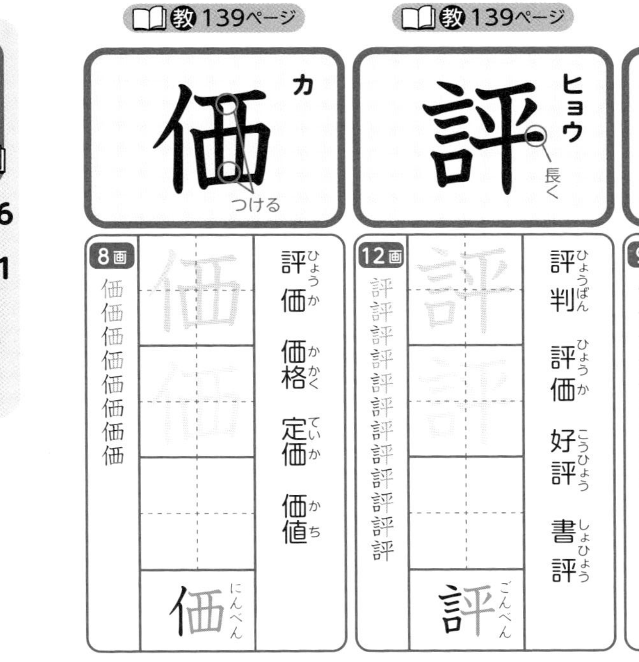

教 139ページ　価（カ）つける　8画
評価（ひょうか）　価格（かかく）　定価（ていか）　価値（かち）

## 1 読みがなを書きましょう。
28点（一つ4）

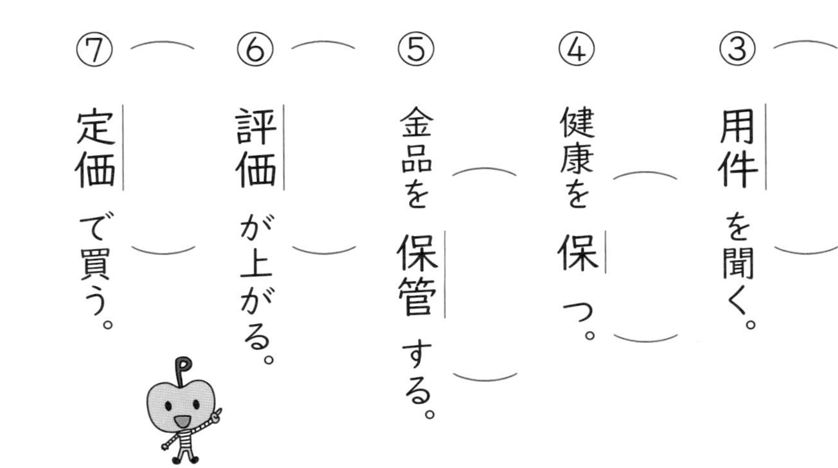

① 条件（　　）を確かめる。

② 条約（　　）を結ぶ。

③ 用件（　　）を聞く。

④ 健康を保（　　）つ。

⑤ 金品を保管（　　）する。

⑥ 評価（　　）が上がる。

⑦ 定価（　　）で買う。

うらのページに続くよ！

## 2 あてはまる漢字を書きましょう。

72点（一つ9）

① 政府が新しい［じょうやく］を結ぶ。

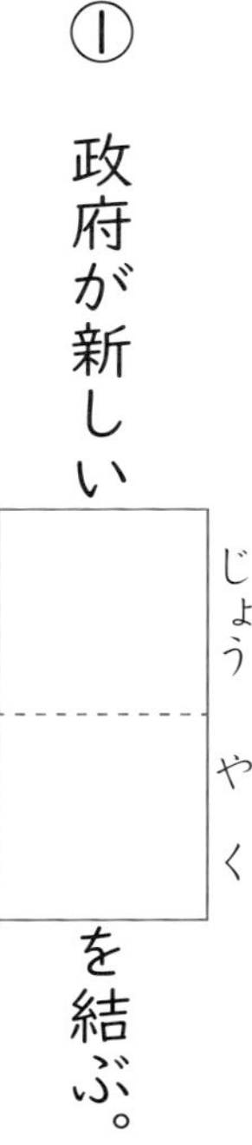

② きびしい［じょうけん］を全て満たす。

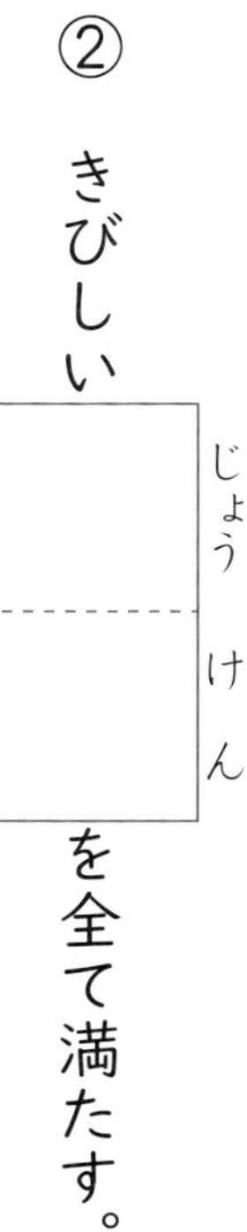

③ 一年前に起きた［じけん］が解決する。

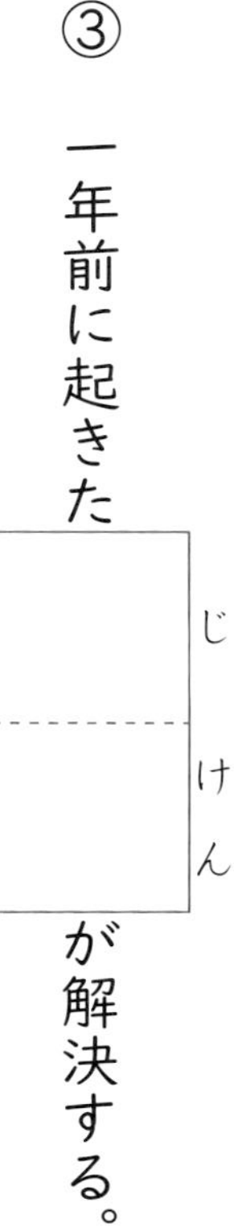

④ 製品の品質は、一ていの水準に［たも］たれている。

⑤ 弟を［ほいくえん］に連れて行く。

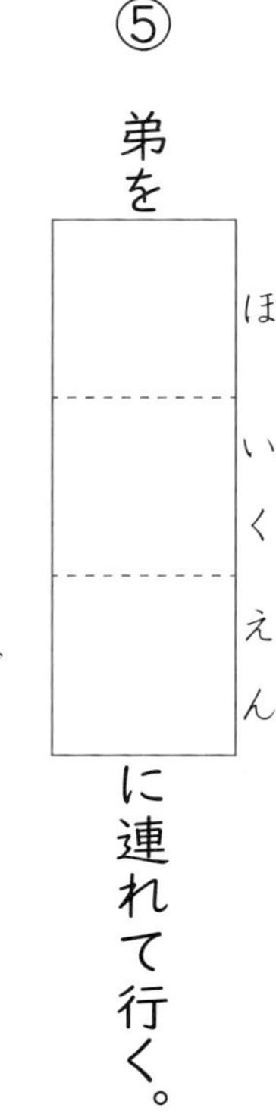

⑥ 新しい作品の［ひょうばん］が気になる。

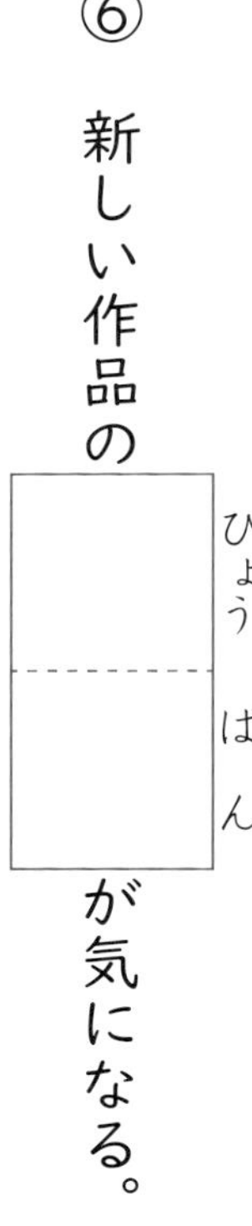

⑦ 畑でとれた豆は［こうひょう］だった。

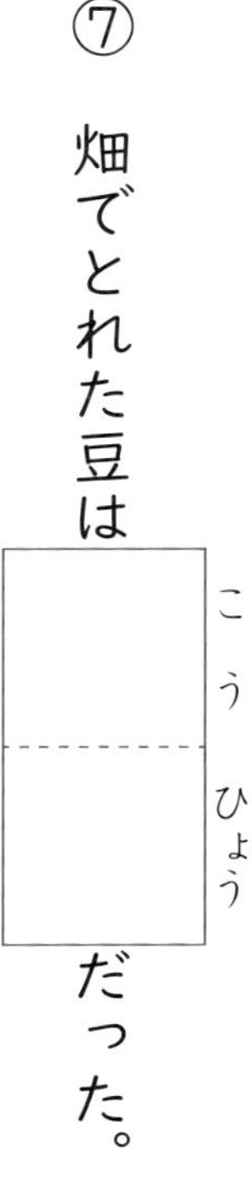

⑧ ［ていか］から三百円引きになっていた筆箱を買う。

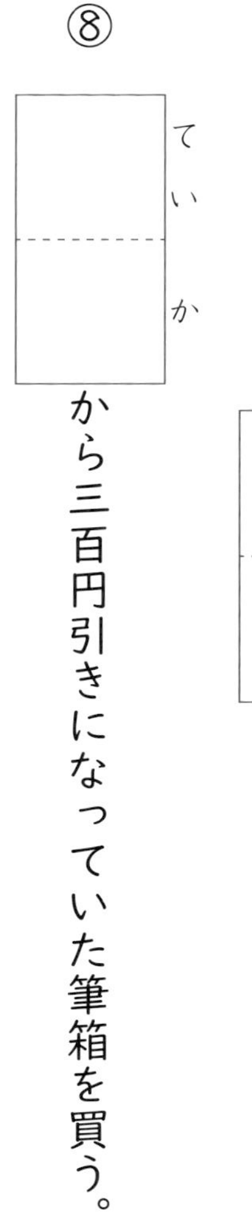

ヒント ２ ②③「けん」の六画目は、上につき出して書きます。

# きほんのドリル 27

## よりよい学校生活のために(2)
## 浦島太郎(うらしまたろう)「御伽草子(おとぎぞうし)」より
## 和語・漢語・外来語(1)

時間15分　合格80点　/100

答え101ページ

サクッとこたえあわせ

月　日

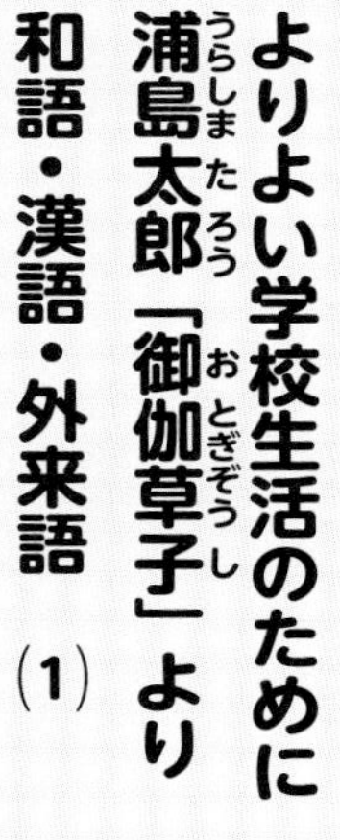
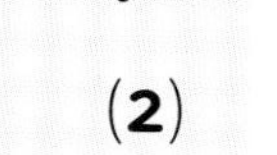

### 書いて覚えよう！

教139ページ
**賛**　サン　（とめる）
15画
賛成(さんせい)　賛同(さんどう)　賛意(さんい)　協賛(きょうさん)
貝(こがい)

教144ページ
**妻**　サイ　つま　（出る）
8画
夫妻(ふさい)　妻子(さいし)　妻(つま)と夫(おっと)
女(おんな)

教146ページ
**混**　コン　まじる　まざる　まぜる　こむ　（はねる）
11画
混戦(こんせん)　油(あぶら)が混(ま)ざる　混(こ)む
氵(さんずい)

教146ページ
**雑**　ザツ　ゾウ　（上にはねる）
14画
混雑(こんざつ)　雑談(ざつだん)　雑木(ぞうき)林(ばやし)
隹(ふるとり)

教147ページ
**略**　リャク　（「又」としない）
11画
省略(しょうりゃく)　略(りゃく)す　略字(りゃくじ)　戦略(せんりゃく)
田(たへん)

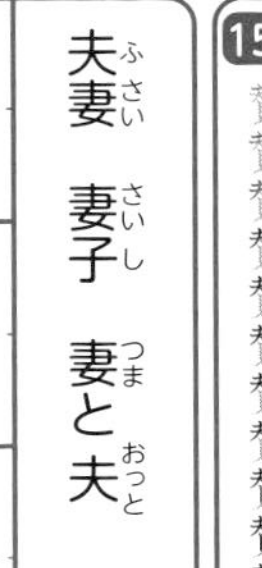
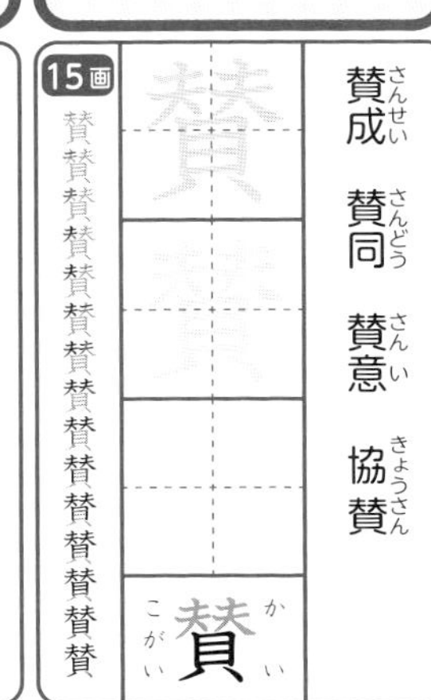

### 1 読みがなを書きましょう。　28点(一つ4)

① 賛成の意見。（　　）
② 妻と出かける。（　　）
③ 仲のよい夫妻。（　　）
④ 店内が混み合う。（　　）
⑤ 絵の具を混ぜる。（　　）
⑥ 駅前が混雑する。（　　）
⑦ 言葉を省略する。（　　）

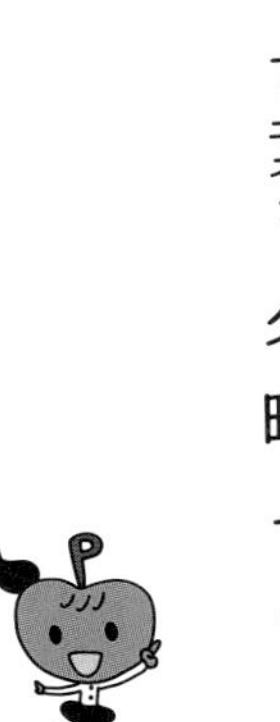

うらのページに続くよ！

## 2 あてはまる漢字を書きましょう。

72点(一つ9)

① この案にクラス全員が［さんどう］した。

② ［つま］は学生のころ、水泳の選手だった。

③ ［さいし］が待つ家に、おみやげを買って帰る。

④ 電車がおくれて、車内が［こ］んでいる。

⑤ サッカーの試合は、後半から［こんせん］になった。

⑥ 母が近所の人と家の前で［ざつだん］している。

⑦ ［ぞうきばやし］でカブトムシをとる。

⑧ 勝利するための［せんりゃく］を考える。

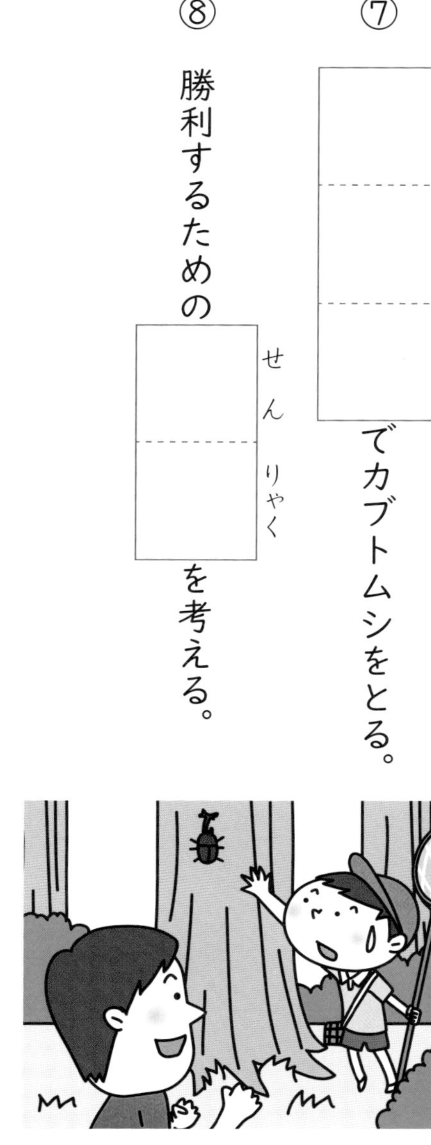
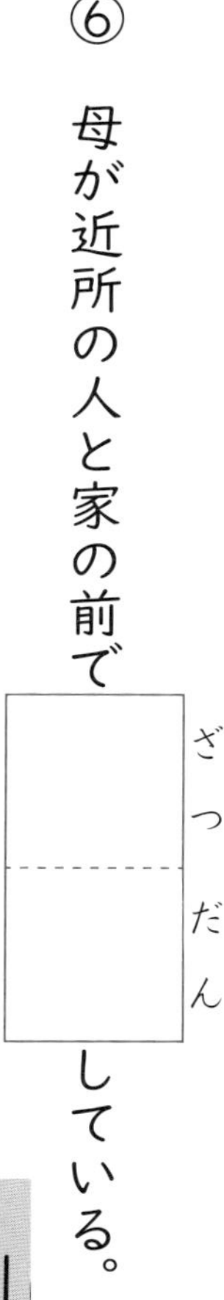
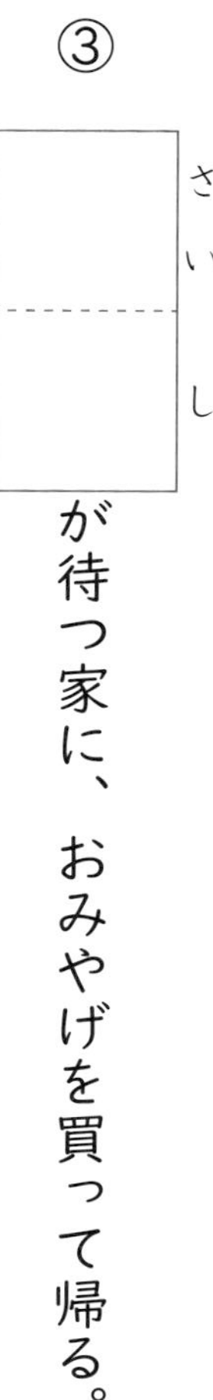

ヒント 2 ①「さん」の「未」を「斤」と書かないように注意しましょう。

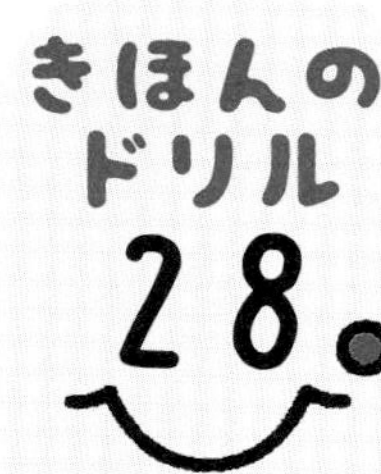

# きほんのドリル 28 和語・漢語・外来語 (2)

時間 15分　合格80点　／100

答え 101ページ

サクッとこたえあわせ

月　日

## 書いて覚えよう！

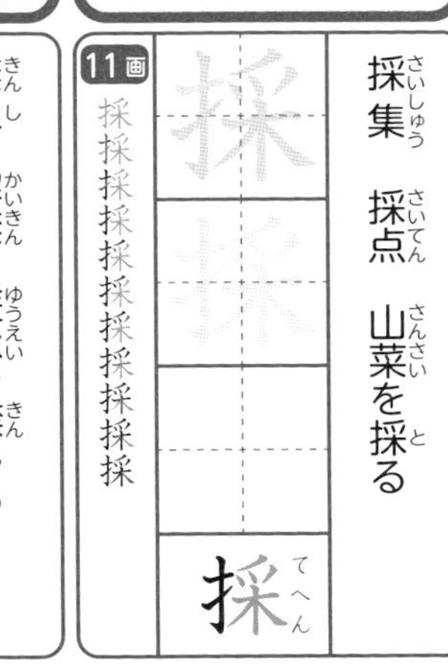

教 147ページ

採 サイ とる　「釆」としない　11画

採集（さいしゅう）　採点（さいてん）　山菜（さんさい）を採（と）る

採（てへん）

採採採採採採採採採採採

教 147ページ

禁 キン　出ない　13画

禁止（きんし）　解禁（かいきん）　遊泳（ゆうえい）を禁（きん）じる

禁（しめす）

禁禁禁禁禁禁禁禁禁禁禁禁禁

教 148ページ

能 ノウ　はねる　10画

可能（かのう）　本能（ほんのう）　技能（ぎのう）　能力（のうりょく）

能（にく）

能能能能能能能能能能

## 読んで覚えよう！

●…読み方が新しい漢字　＝…おくりがな

|  |  |
|---|---|
| 生（教147ページ） | セイ　ショウ　いきる・いかす・いける　うまれる・うむ・はえる　はやす・なま |
| 止（教147ページ） | シ　とまる　とめる |
| 女（教147ページ） | ジョ　おんな |

教科書 146～148ページ

**1** 読みがなを書きましょう。　28点（一つ4）

① こん虫を採集する。（　　）

② 木の実を採る。（　　）

③ 生物を調理する。（　　）

④ 出入りを禁止する。（　　）

⑤ 出入りを禁じる。（　　）

⑥ 少女のえがお。（　　）

⑦ 可能性が広がる。（　　）

うらのページに続くよ！

## 2 あてはまる漢字を書きましょう。

72点（一つ9）

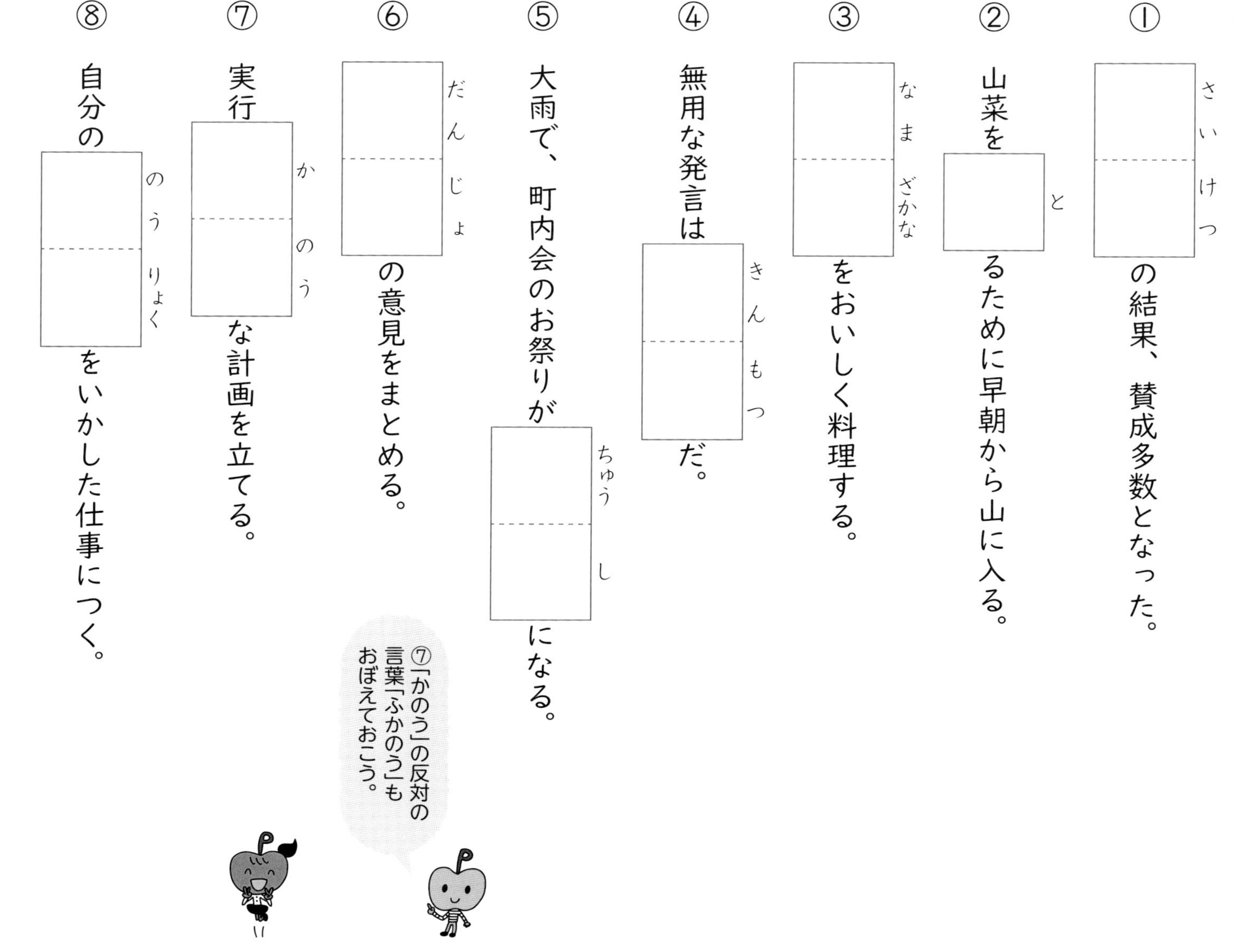

① （さいけつ）の結果、賛成多数となった。

② 山菜を（と）るために早朝から山に入る。

③ （なまざかな）をおいしく料理する。

④ 無用な発言は（きんもつ）だ。

⑤ 大雨で、町内会のお祭りが（ちゅうし）になる。

⑥ （だんじょ）の意見をまとめる。

⑦ 実行（かのう）な計画を立てる。

⑧ 自分の（のうりょく）をいかした仕事につく。



ヒント ２ ②「とる」は、同じ読み方の漢字「取る」との使い分けに注意しましょう。

# どちらを選びますか～ 和語・漢語・外来語

**1** 漢字の読みがなを書きましょう。　52点（一つ4）

① 定期的に水道管の 点検（　　） をする。

② 初めての観光地で道に 迷（　　） う。

③ 明後日に宿題のレポートを 提出（　　） する。

④ よい 状態（　　） が続くように気を配る。

⑤ 不思議な 現象（　　） が起こる。

⑥ となりの 夫妻（　　） は仲が良く、顔が 似（　　） ている。

⑦ 入会に関する細かい 条件（　　） を 示（　　） す。

⑧ 大勢（　　） の人が父の意見に 賛成（　　） してくれた。

⑨ 公演（　　） 会場は、観客で 混雑（　　） していた。

教科書 104～148ページ

うらのページに続くよ！

## 2 あてはまる漢字を書きましょう。

48点（一つ4）

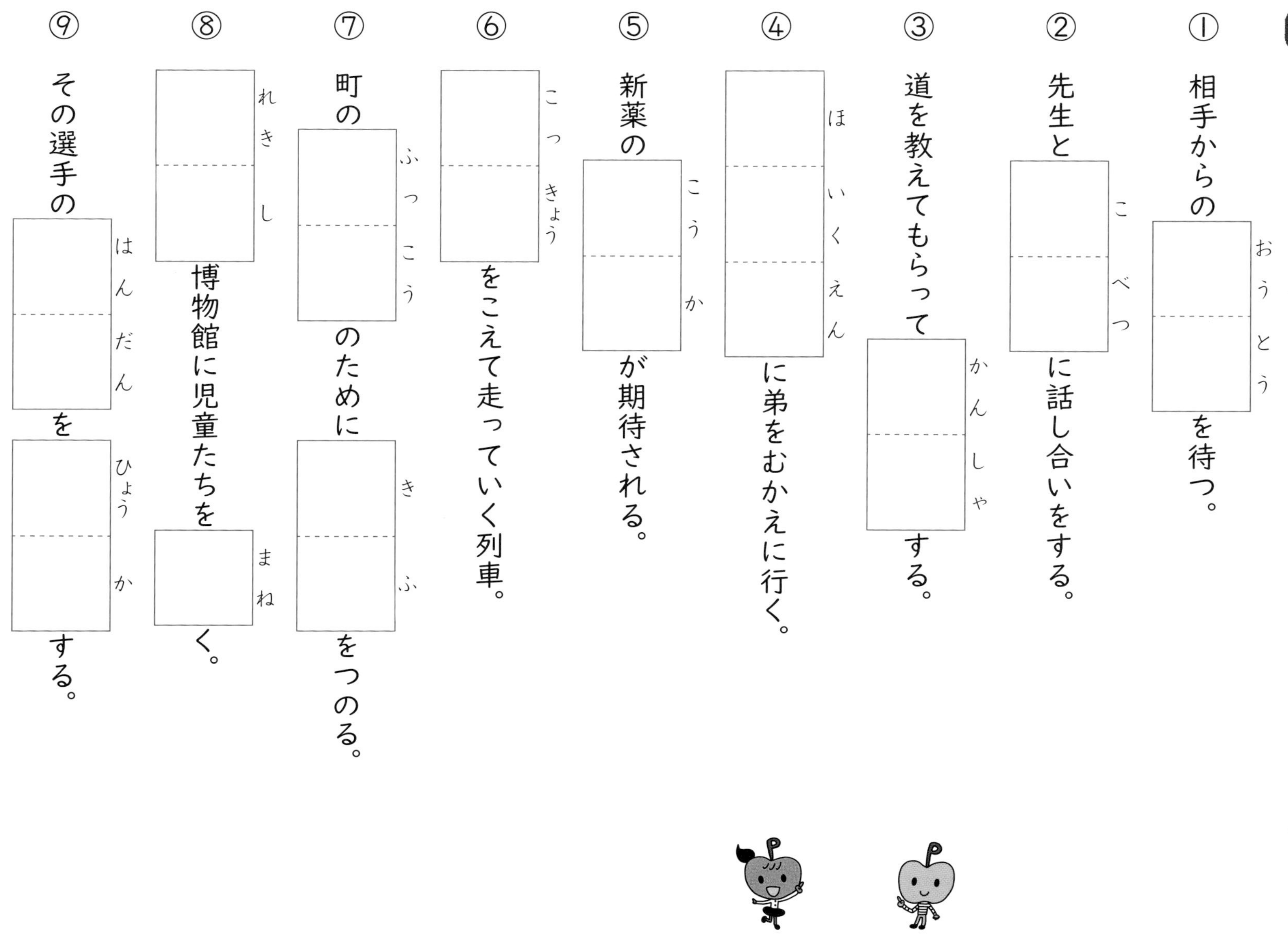

① 相手からの［おうとう］を待つ。

② 先生と［こべつ］に話し合いをする。

③ 道を教えてもらって［かんしゃ］する。

④ ［ほいくえん］に弟をむかえに行く。

⑤ 新薬の［こうか］が期待される。

⑥ ［こっきょう］をこえて走っていく列車。

⑦ 町の［ふっこう］のために［きふ］をつのる。

⑧ ［れきし］博物館に児童たちを［まね］く。

⑨ その選手の［はんだん］を［ひょうか］する。

# きほんのドリル 30

## 固有種が教えてくれること (1)

### 書いて覚えよう！

### 読んで覚えよう！

●…読み方が新しい漢字

**1** 読みがなを書きましょう。 20点(一つ4)

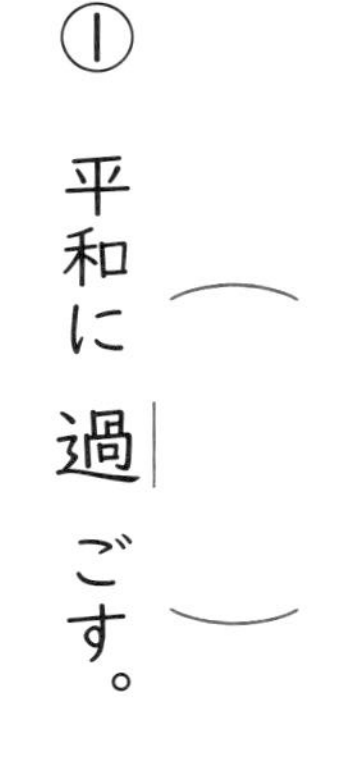

① 平和に 過 ごす。( )

② 実験の 過程 をたどる。( )

③ 自然が 豊 かな国。( )

④ 雨雲の 分布 を調べる。( )

⑤ 輸(ゆ)出量が 減少 する。( )

← うらのページに続くよ！

教科書 149～159ページ

## 2 あてはまる漢字を書きましょう。

80点（一つ10）

① 乗る予定だったバスが目の前を［つうか］した。

② 家族で旅行の［にってい］を組む。

③ 音楽の知識が［ゆた］かな兄の話は、いつも興味深い。

④ 今年は家庭菜園の豆が［ほうさく］だった。

⑤ 寒くなってきたので［もうふ］をかける。

⑥ 美しい［ぬの］を使ってシャツをつくる。

⑦ 木を植えて、［しんりん］を守り続ける。

⑧ 力を［かげん］して、ジュースを注ぐ。

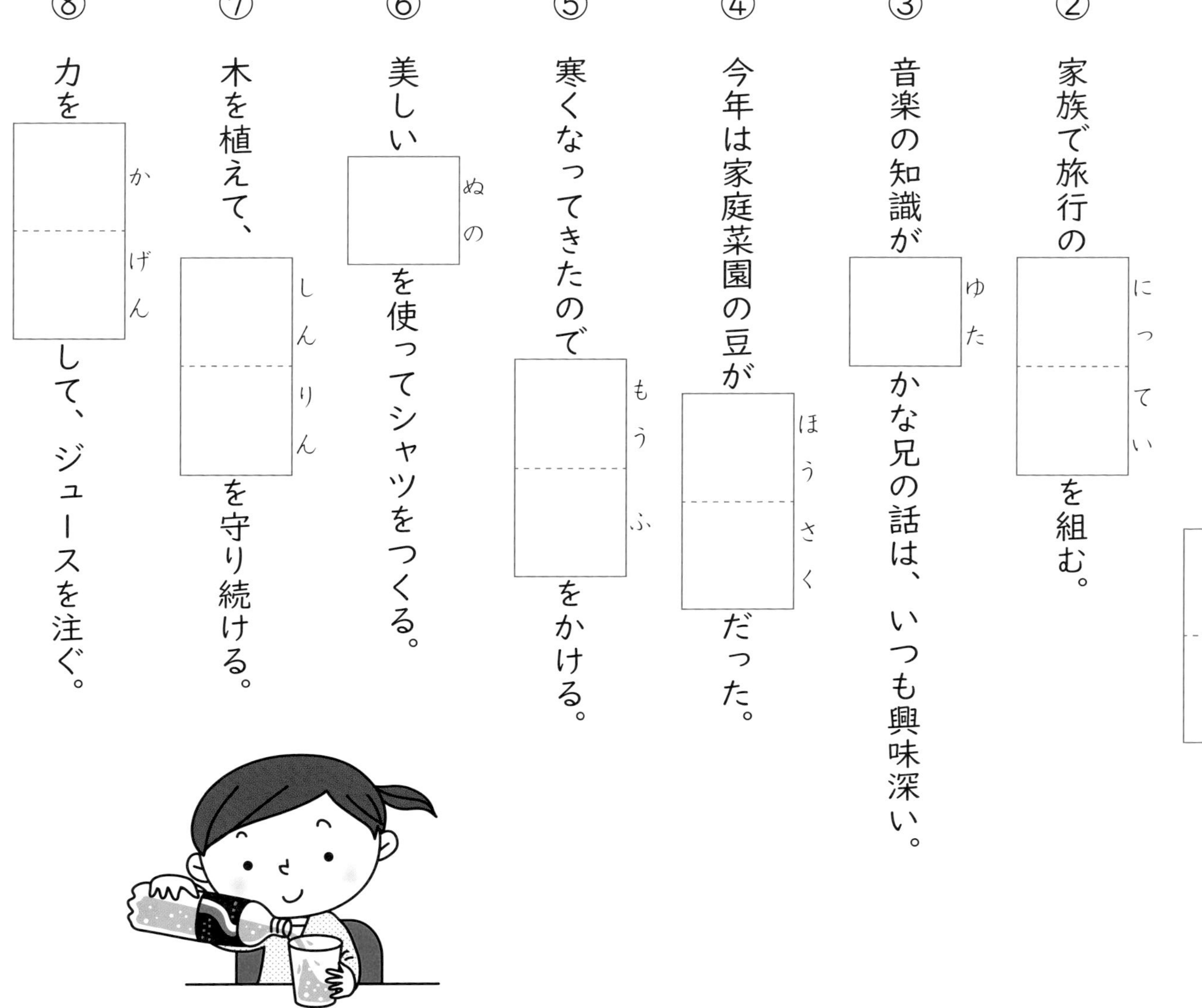

ヒント ❷ ②「てい」の「王」を「土」と書かないように注意しましょう。

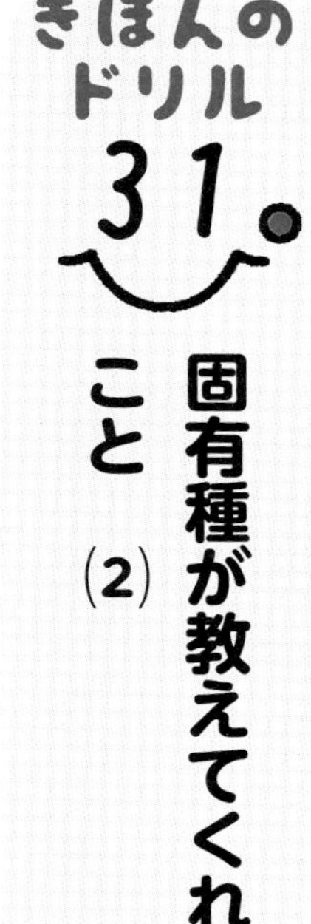

# きほんのドリル 31。 固有種が教えてくれること (2)

時間15分　合格80点　／100

答え102ページ

月　日

## 書いて覚えよう！

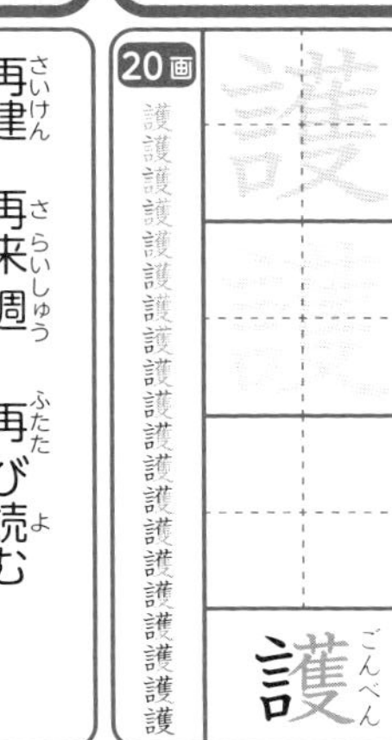

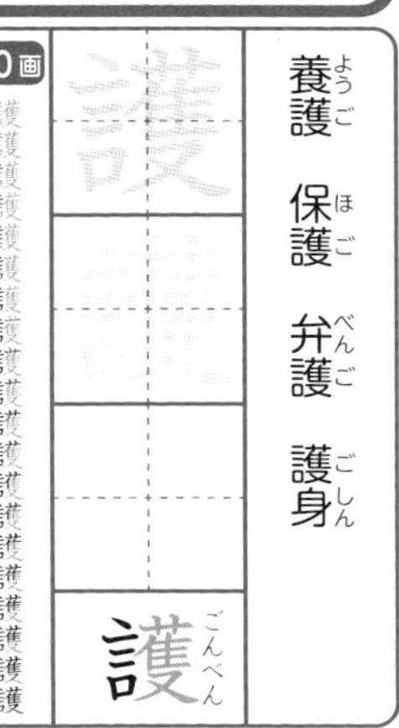

教155ページ　**護**　ゴ　「夂」ではない

20画　養護(ようご)　保護(ほご)　弁護(べんご)　護身(ごしん)　ごんべん

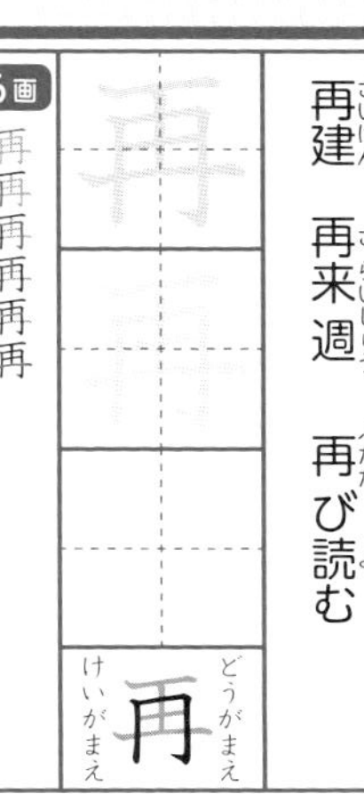

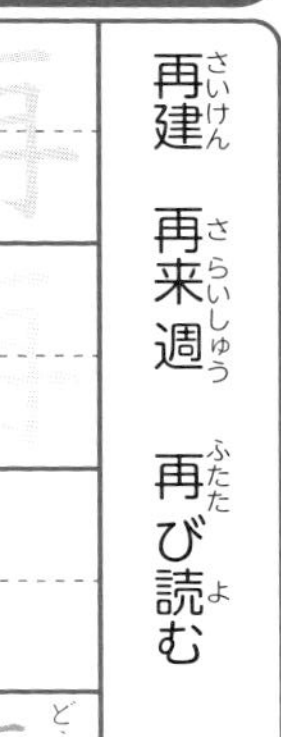

教155ページ　**再**　サイ　サ　ふたたび　出る

6画　再建(さいけん)　再来週(さらいしゅう)　再び読む(ふたたびよむ)　どうがまえ　けいがまえ

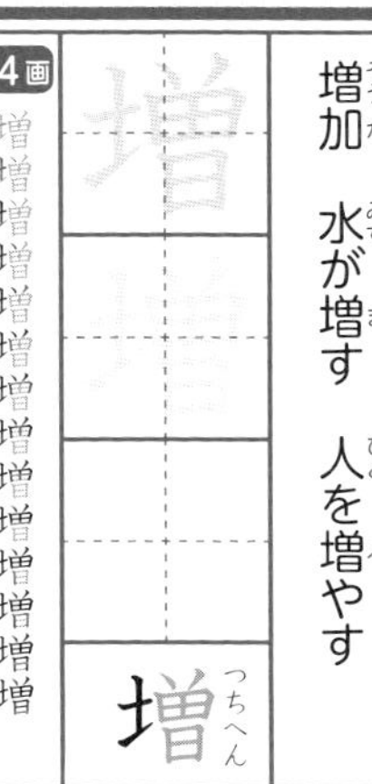

教155ページ　**増**　ゾウ　ます　ふえる　ふやす

14画　増加(ぞうか)　水が増す(みずがます)　人を増やす(ひとをふやす)　つちへん

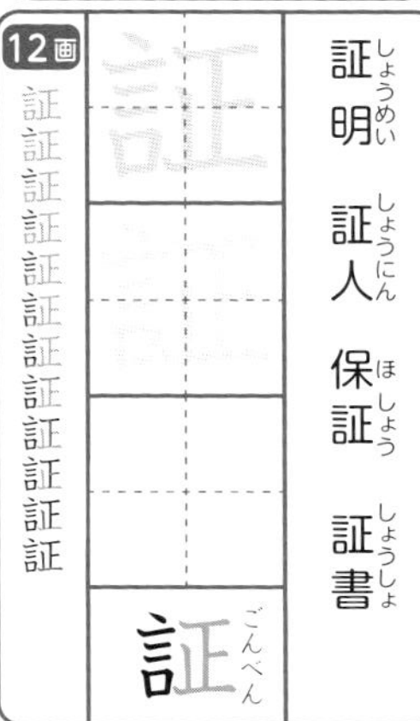

教157ページ　**証**　ショウ　長く

12画　証明(しょうめい)　証人(しょうにん)　保証(ほしょう)　証書(しょうしょ)　ごんべん

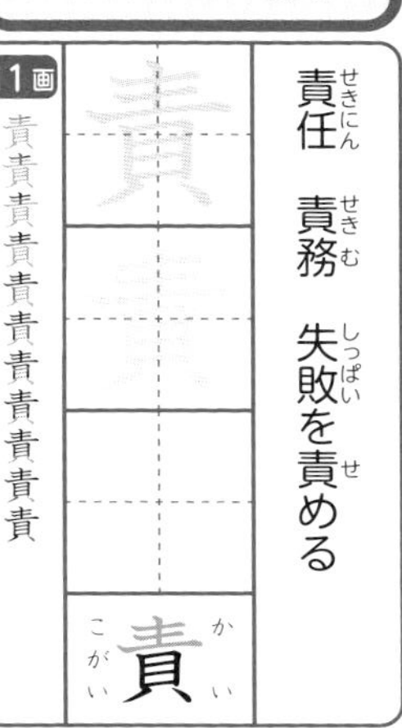

教157ページ　**責**　セキ　せめる　長く

11画　責任(せきにん)　責務(せきむ)　失敗を責める(しっぱいをせめる)　かい　こがい

## 1 読みがなを書きましょう。 28点(一つ4)

① 野鳥を　保護　する。(　　)

② 再　び出会う。(　　)

③ 工場を　再建　する。(　　)

④ 人口が　増加　する。(　　)

⑤ 旅館が　増　える。(　　)

⑥ 現場に　証人　をよぶ。(　　)

⑦ 責　任(にん)を感じる。(　　)

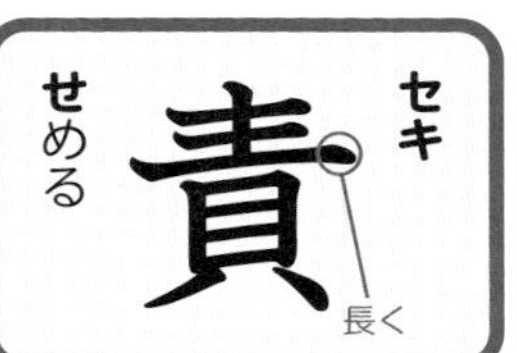

うらのページに続くよ！

## 2 あてはまる漢字を書きましょう。

72点(一つ9)

① うたがいをかけられた友達を［べんご］する。

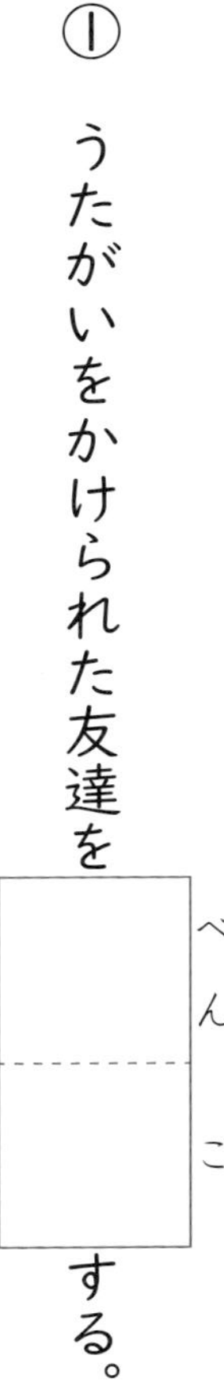

② 来年、［ふたた］びここで会おう。

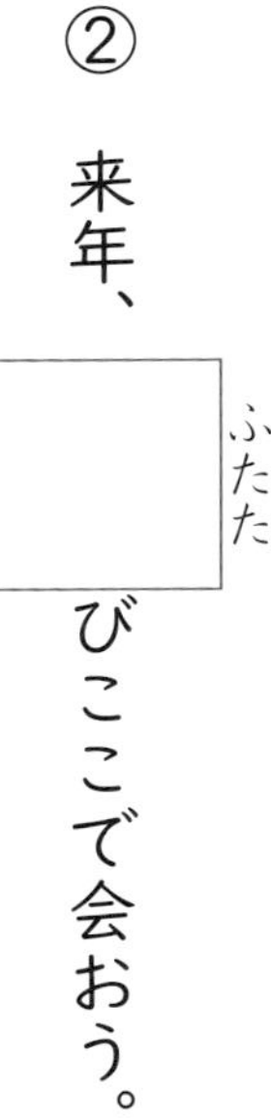

③ ［さらいしゅう］は遊園地に行く予定だ。

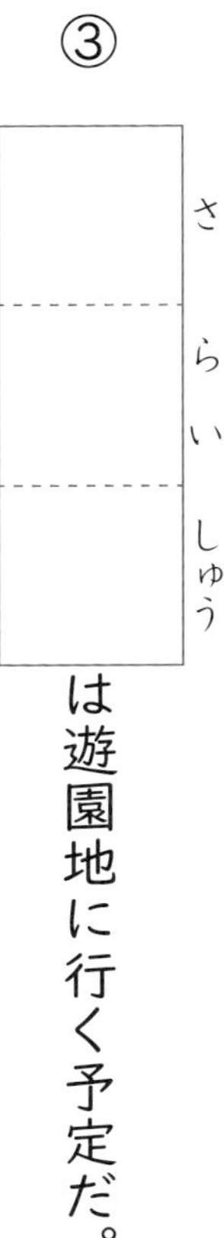

④ 大雨がふったので、近くの川が［ぞうすい］している。

⑤ 先生の話を聞いて、外国への興味が［ま］す。

⑥ 友人のために［しょうげん］する。

⑦ 委員長の［じゅうせき］を果たす。

⑧ 失敗しても相手を［せ］めることはしない。

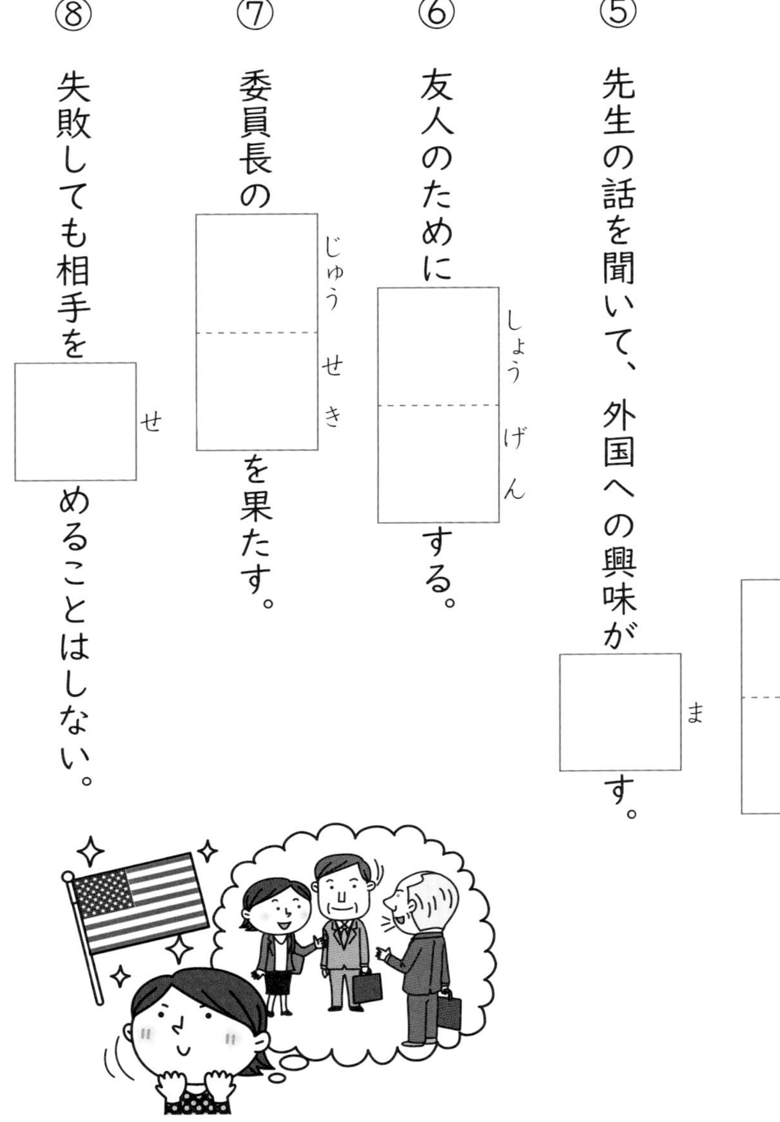

ヒント ❷ ①「ご」の「又」を「夂」と書かないように注意しましょう。

# 固有種が教えてくれること 自然環境を守るために (3)

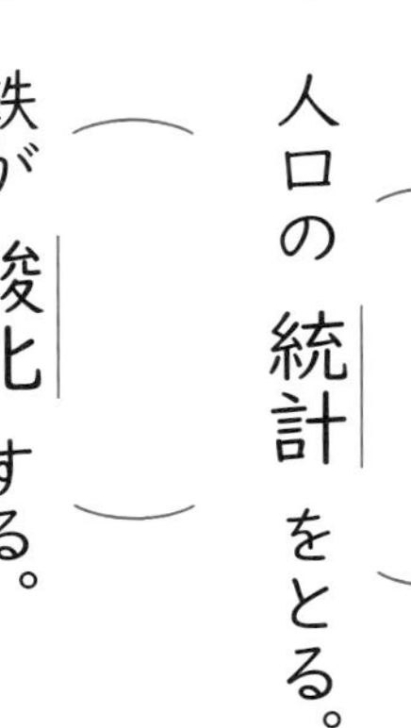

## 書いて覚えよう！

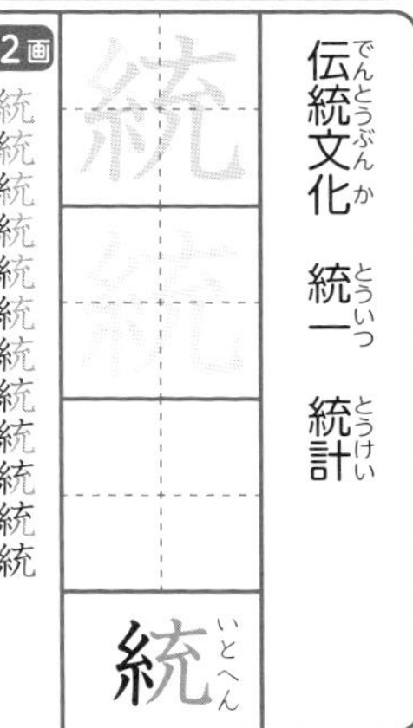


責任（せきにん）　任命（にんめい）　人（ひと）に任（まか）す

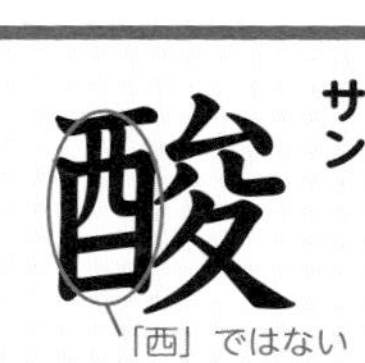

伝統文化（でんとうぶんか）　統一（とういつ）　統計（とうけい）

酸性雨（さんせいう）　酸味（さんみ）　酸素（さんそ）　炭酸（たんさん）

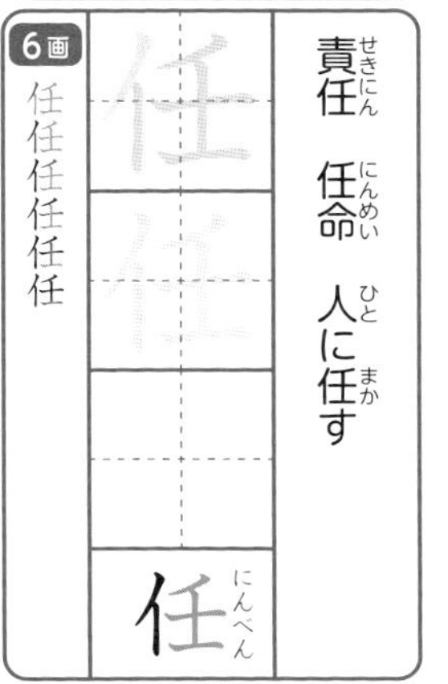


炭素（たんそ）　要素（ようそ）　質素（しっそ）　水素（すいそ）

設定（せってい）　建設（けんせつ）　会場（かいじょう）を設（もう）ける

## 1 読みがなを書きましょう。

28点（一つ4）

① 部長に 任命（　　） される。

② 作業を弟に 任（　　） す。

③ 人口の 統計（　　） をとる。

④ 鉄が 酸化（　　） する。

⑤ 二酸化炭素（　　）

⑥ 目標を 設定（　　） する。

⑦ 会場を 設（　　） ける。

← うらのページに続くよ！



教科書 149〜165ページ

## 2 あてはまる漢字を書きましょう。

72点（一つ9）

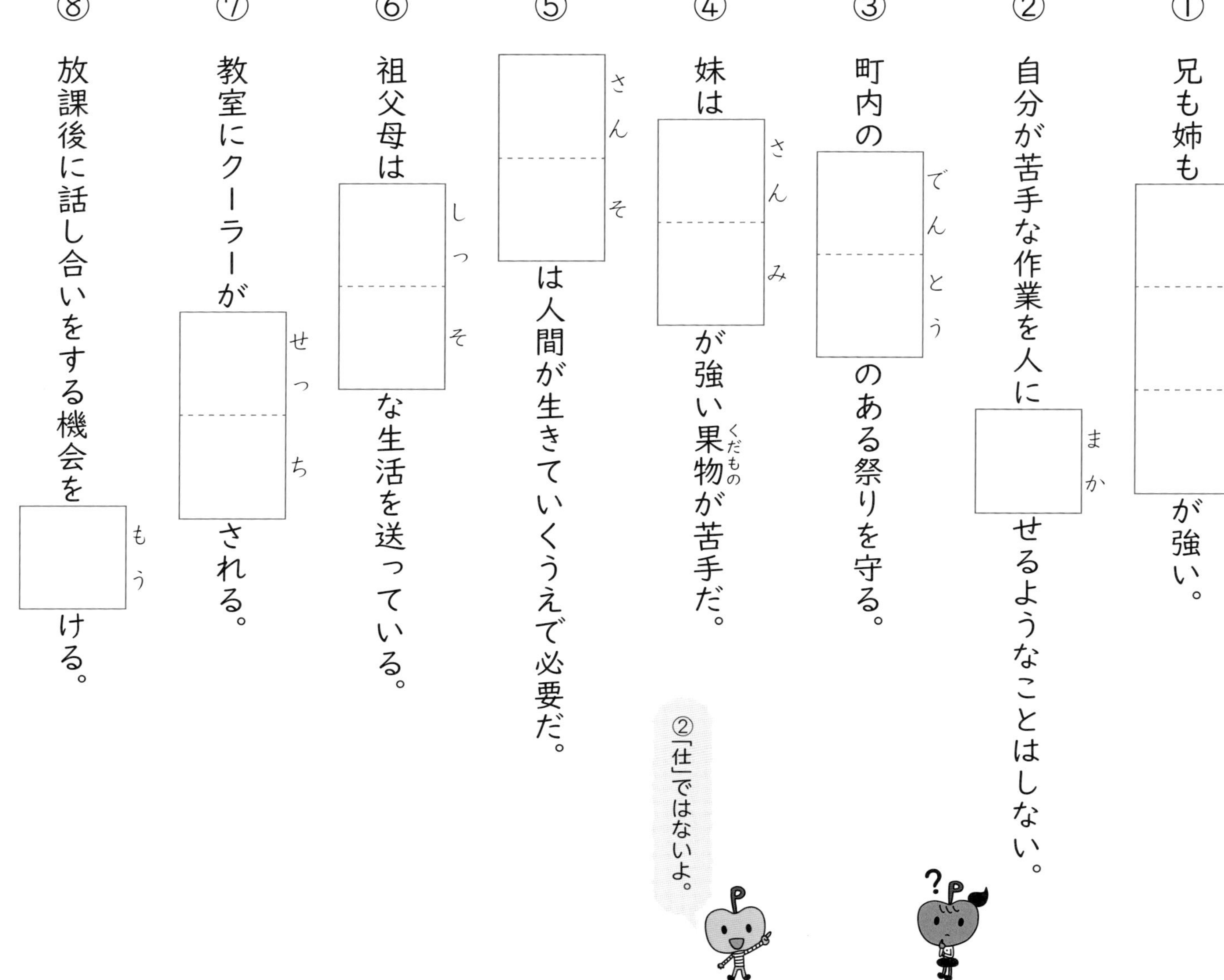

① 兄も姉も［せきにんかん］が強い。

② 自分が苦手な作業を人に［まか］せるようなことはしない。

③ 町内の［でんとう］のある祭りを守る。

④ 妹は［さんみ］が強い果物（くだもの）が苦手だ。

⑤ ［さんそ］は人間が生きていくうえで必要だ。

⑥ 祖父母は［しっそ］な生活を送っている。

⑦ 教室にクーラーが［せっち］される。

⑧ 放課後に話し合いをする機会を［もう］ける。



ヒント ❷ ④⑤「さん」の「酉」を「西」と書かないように注意しましょう。

きほんのドリル 33

# カンジー博士の暗号解読（1）

時間 15分　合格80点　／100

答え 102ページ　サクッとこたえあわせ

月　日

## 書いて覚えよう！

教 166ページ
**授** ジュ（はらう）　11画
授授授授授授授授授授授
教授（きょうじゅ）　授業（じゅぎょう）　授賞（じゅしょう）
授（てへん）

教 166ページ
**紀** キ（上にはねる）　9画
紀紀紀紀紀紀紀紀紀
紀行（きこう）　二十一世紀（にじゅういっせいき）　紀元（きげん）
紀（いとへん）

教 167ページ
**財** ザイ（はねる）　10画
財財財財財財財財財財
財産（ざいさん）　重要文化財（じゅうようぶんかざい）　財宝（ざいほう）
財（かいへん）

教 167ページ
**脈** ミャク（とめる）　10画
脈脈脈脈脈脈脈脈脈脈
葉脈（ようみゃく）　山脈（さんみゃく）　脈（みゃく）がある
脈（にくづき）

教 167ページ
**織** シキ　お(る)（上にはねる）　18画
織織織織織織織織織織織織織織織織織織
組織（そしき）　布（ぬの）を織（お）る
織（いとへん）

## 読んで覚えよう！

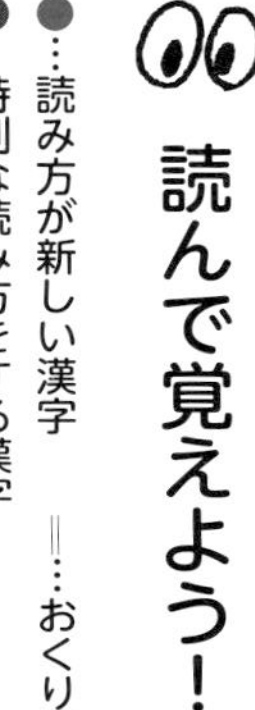

●…読み方が新しい漢字　＝…おくりがな
●…特別な読み方をする漢字

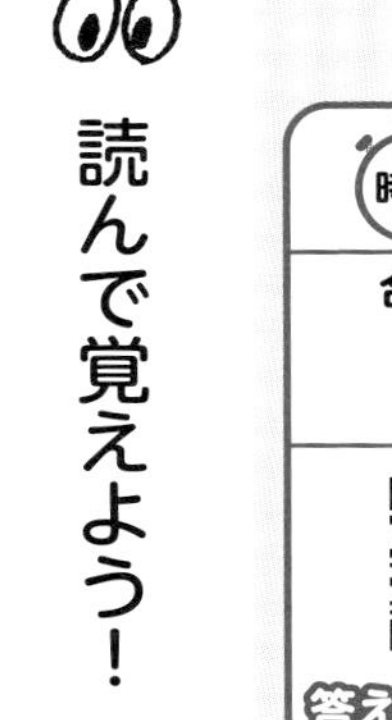

教 167ページ　組　ソ　く(む)　く(み)

教 166ページ　博士（はかせ）

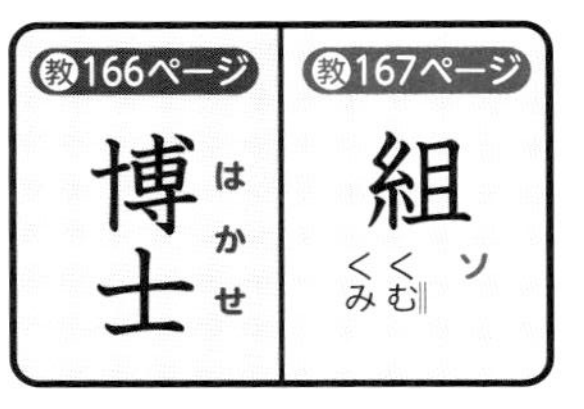

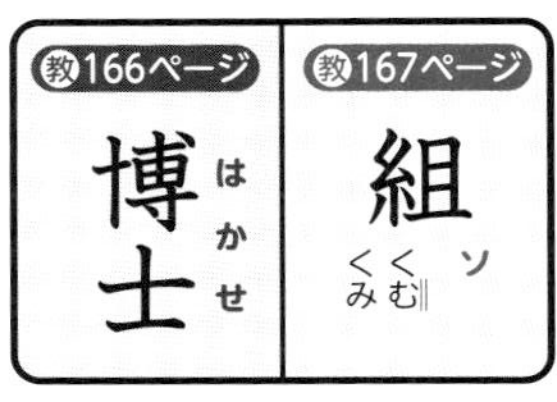

**1** 読みがなを書きましょう。　20点（一つ4）

① 教授（　　）に出会う。

② 紀行文（　　）を書く。

③ 大切な財産（　　）を守る。

④ 山脈（　　）をながめる。

⑤ 人体の組織（　　）を調べる。

うらのページに続くよ！

## 2 あてはまる漢字を書きましょう。

80点（一つ10）

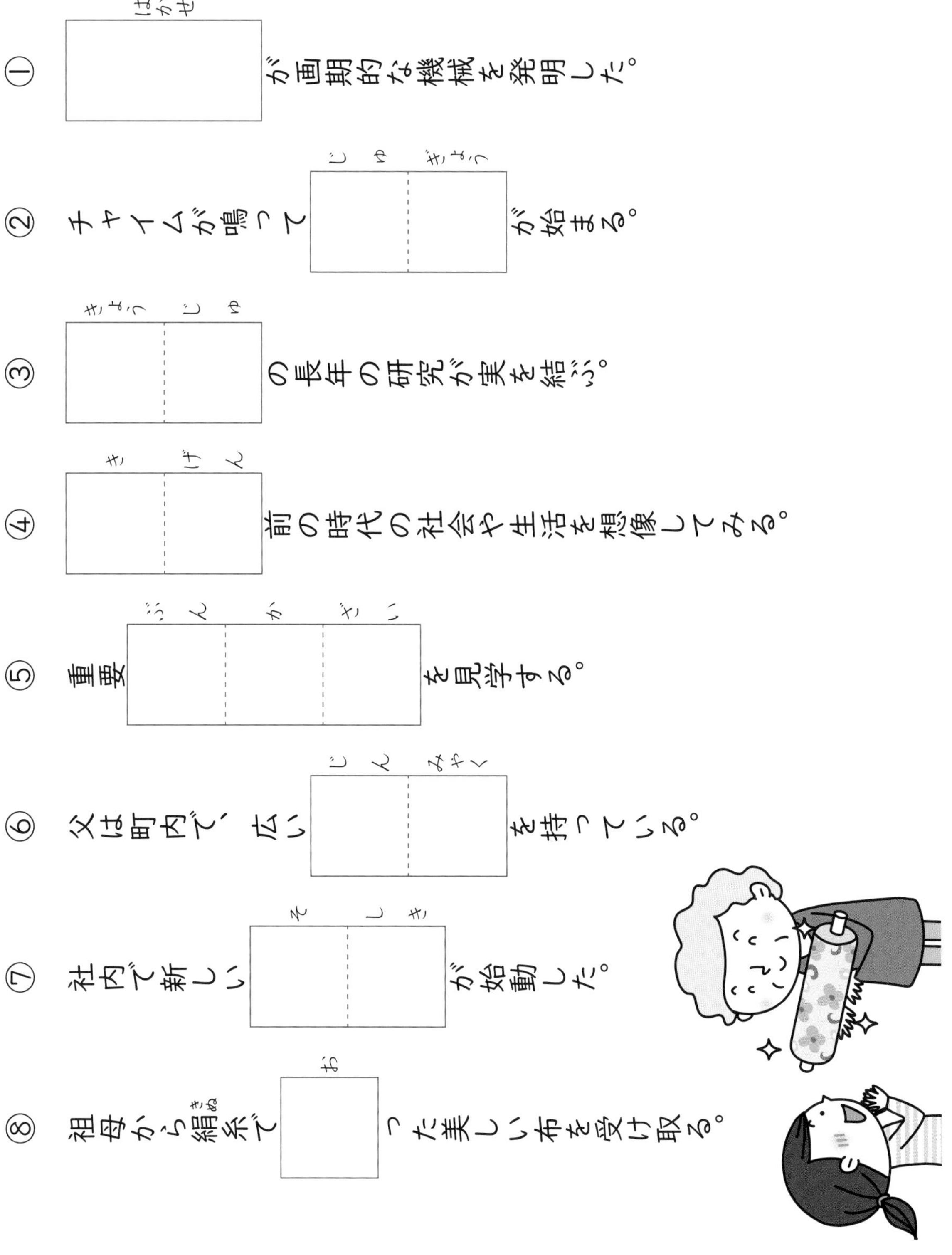

①（はかせ）□が画期的な機械を発明した。

②チャイムが鳴って（じゅぎょう）□□が始まる。

③（きょうじゅ）□□の長年の研究が実を結ぶ。

④（きげん）□□前の時代の社会や生活を想像してみる。

⑤重要（ぶんかざい）□□□を見学する。

⑥父は町内で、広い（じんみゃく）□□を持っている。

⑦社内で新しい（そしき）□□が始動した。

⑧祖母から絹（きぬ）糸で（お）□った美しい布を受け取る。

ヒント ❷ ⑦「しき」、⑧「おる」を、「識」と書かないように注意しましょう。

きほんのドリル 34。

# カンジー博士の暗号解読（2）

時間 15分 合格80点 ／100

答え 102ページ

月　日

## 書いて覚えよう！

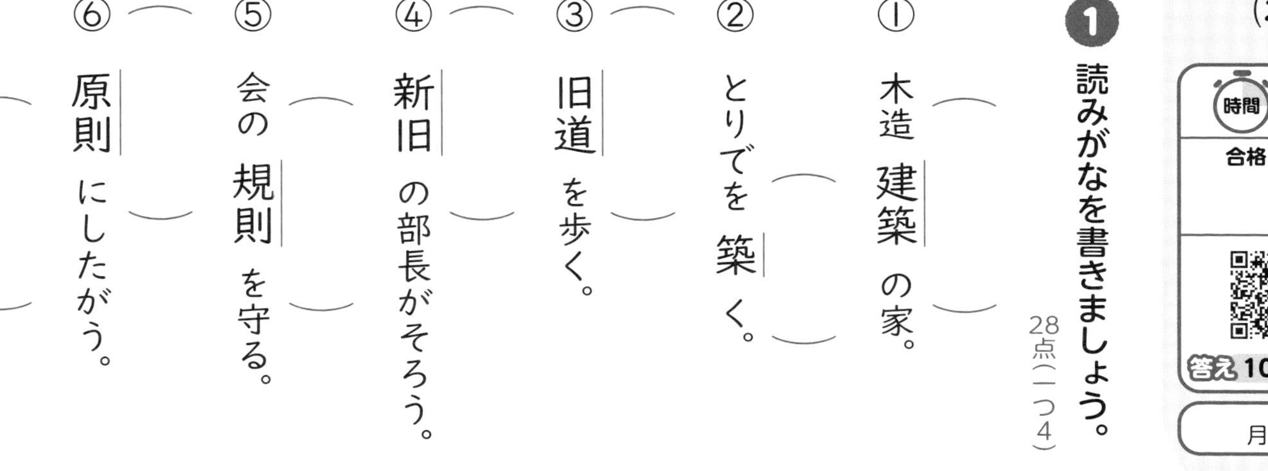

教 167ページ

築 チク きずく（16画）
木造建築（もくぞうけんちく）　関係（かんけい）を築（きず）く
築 たけかんむり

教 167ページ

旧 キュウ（5画）とめる
旧道（きゅうどう）　新旧（しんきゅう）　復旧（ふっきゅう）　旧知（きゅうち）
旧 ひ

教 167ページ

規 キ（11画）上にはねる
規則（きそく）　規制（きせい）　規定（きてい）　定規（じょうぎ）
規 みる

教 167ページ

則 ソク（9画）はねる
規則（きそく）　原則（げんそく）　反則（はんそく）　法則（ほうそく）
則 りっとう

教 167ページ

貯 チョ（12画）はねる
貯金（ちょきん）　貯水池（ちょすいち）
貯 かいへん

**1** 読みがなを書きましょう。 28点（一つ4）

① 木造（　　） 建築（　　） の家。

② とりでを 築（　　） く。

③ 旧道（　　） を歩く。

④ 新旧（　　） の部長がそろう。

⑤ 会の 規則（　　） を守る。

⑥ 原則（　　） にしたがう。

⑦ 毎月 貯金（　　） する。

← うらのページに続くよ！

教科書 166〜167ページ

## 2 あてはまる漢字を書きましょう。

72点（一つ9）

① 近所に［しんちく］のマンションが建つ。

② 話し合いを重ねて信らい関係を［きず］く。

③ 停電の［ふっきゅう］作業が終わる。

④ 父の学生時代からの［きゅうゆう］が遊びに来る。

⑤ ［じょうぎ］で線の長さを測る。

⑥ 毎日、［きそく］正しい生活を心がける。

⑦ いろいろな［ほうそく］を学んで活用する。

⑧ 学校の近くの［ちょすいち］に行く。

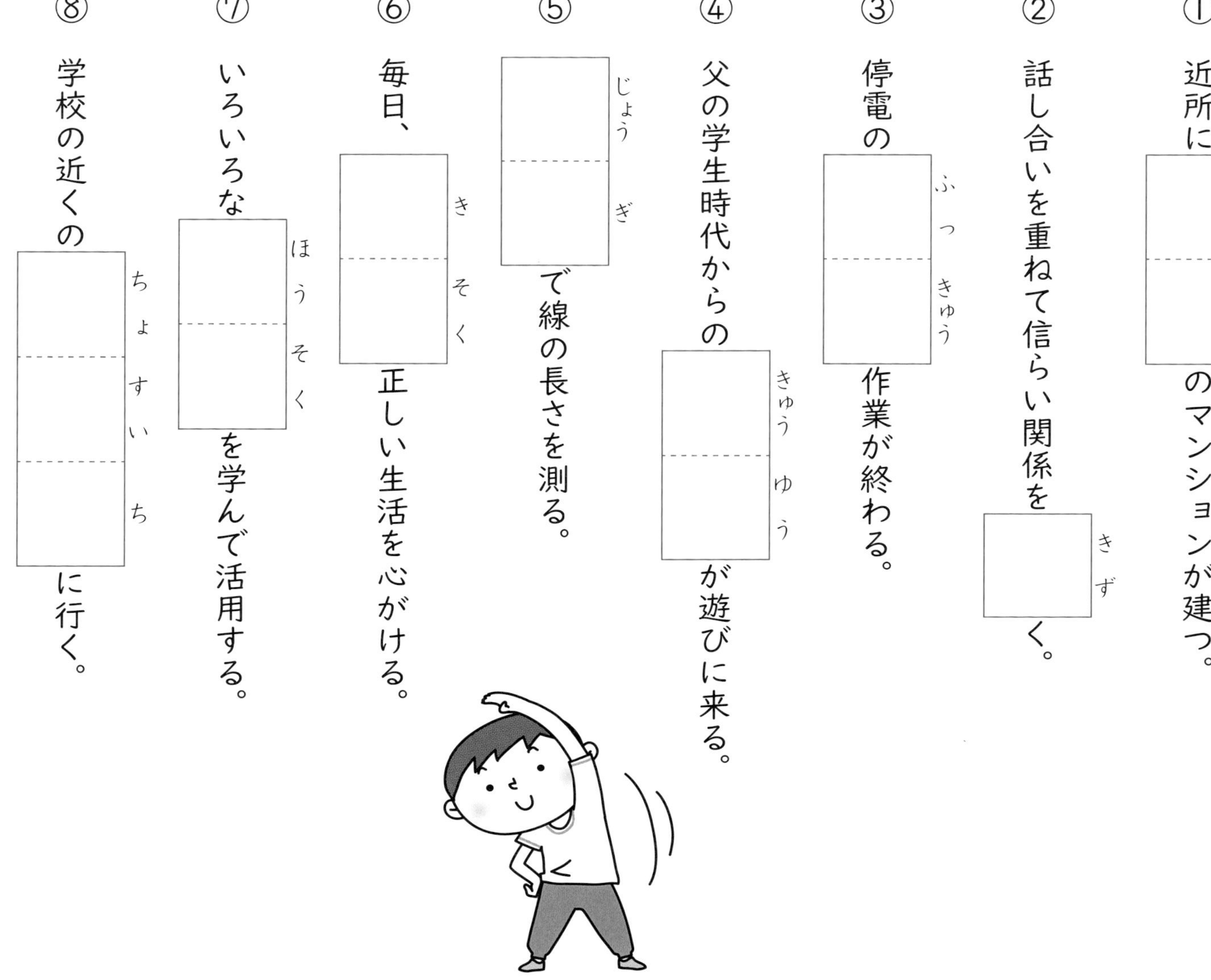

ヒント ２ ⑥⑦「そく」は同じ読み方の漢字の「測」「側」と書きまちがえないように注意しましょう。

# カンジー博士の暗号解読 (3)

時間 15分　合格80点　/100

答え 102ページ

月　日

## 書いて覚えよう！

教 167ページ　**型**　ケイ　かた（はねる）　9画
典型的（てんけいてき）　型にはまる（かた）　新型（しんがた）
型（つち）

教 167ページ　**液**　エキ（たてに）　11画
血液（けつえき）　液体（えきたい）　液状（えきじょう）　液化（えきか）
液（さんずい）

教 167ページ　**基**　キ（長く）　11画
基本（きほん）　基準（きじゅん）　基地（きち）　基金（ききん）
基（つち）

教 167ページ　**額**　ガク　ひたい（とめる）　18画
金額（きんがく）　総額（そうがく）　額を寄せる（ひたい・よ）
額（おおがい）

教 167ページ　**故**　コ　「又」にしない　9画
事故（じこ）　故国（ここく）　故障（こしょう）　故意（こい）
故（のぶん・ぼくづくり）

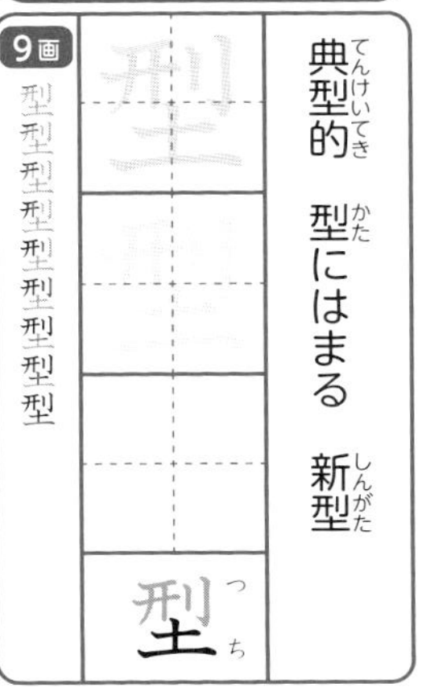
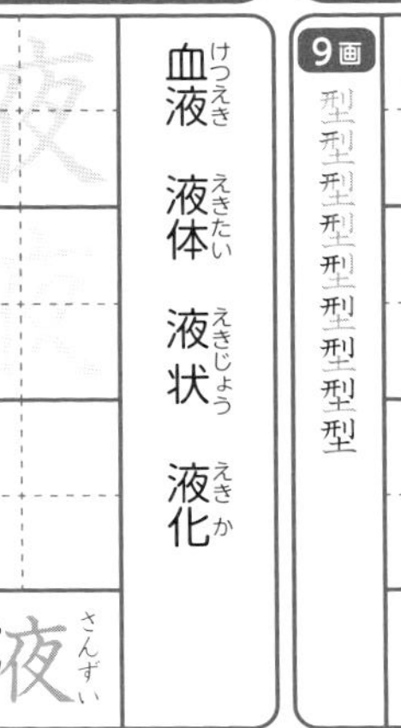

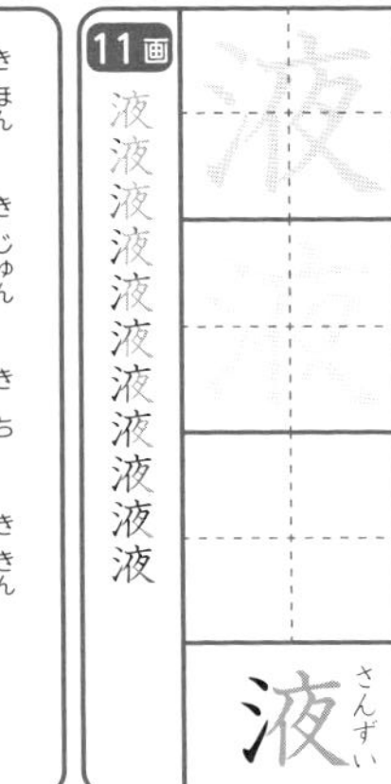

## 1 読みがなを書きましょう。　28点（一つ4）

① 新型 のテレビ。（　　）
② おもちゃの 原型 。（　　）
③ 病院で 血液 を調べる。（　　）
④ 料理の 基本 を学ぶ。（　　）
⑤ 絵を 額 に入れる。（　　）
⑥ 額 のあせをふく。（　　）
⑦ 事故 をなくす。（　　）

← うらのページに続くよ！

## 2 あてはまる漢字を書きましょう。

72点（一つ9）

① 機械の［こ・がた・か］をはかる。

② ［てん・けい・てき］な例を挙げて説明する。

③ 実験で使う［え・き・たい］を、ゆっくりと運ぶ。

④ ジュースの［げん・えき］をうすめる。

⑤ 友人といっしょに森に［き・ち］を作る。

⑥ 寄付で集まった［きん・がく］を確かめる。

⑦ 教室のすみで［ひたい］を集めて話す。

⑧ ようやくスピーカーの［こ］障が直る。

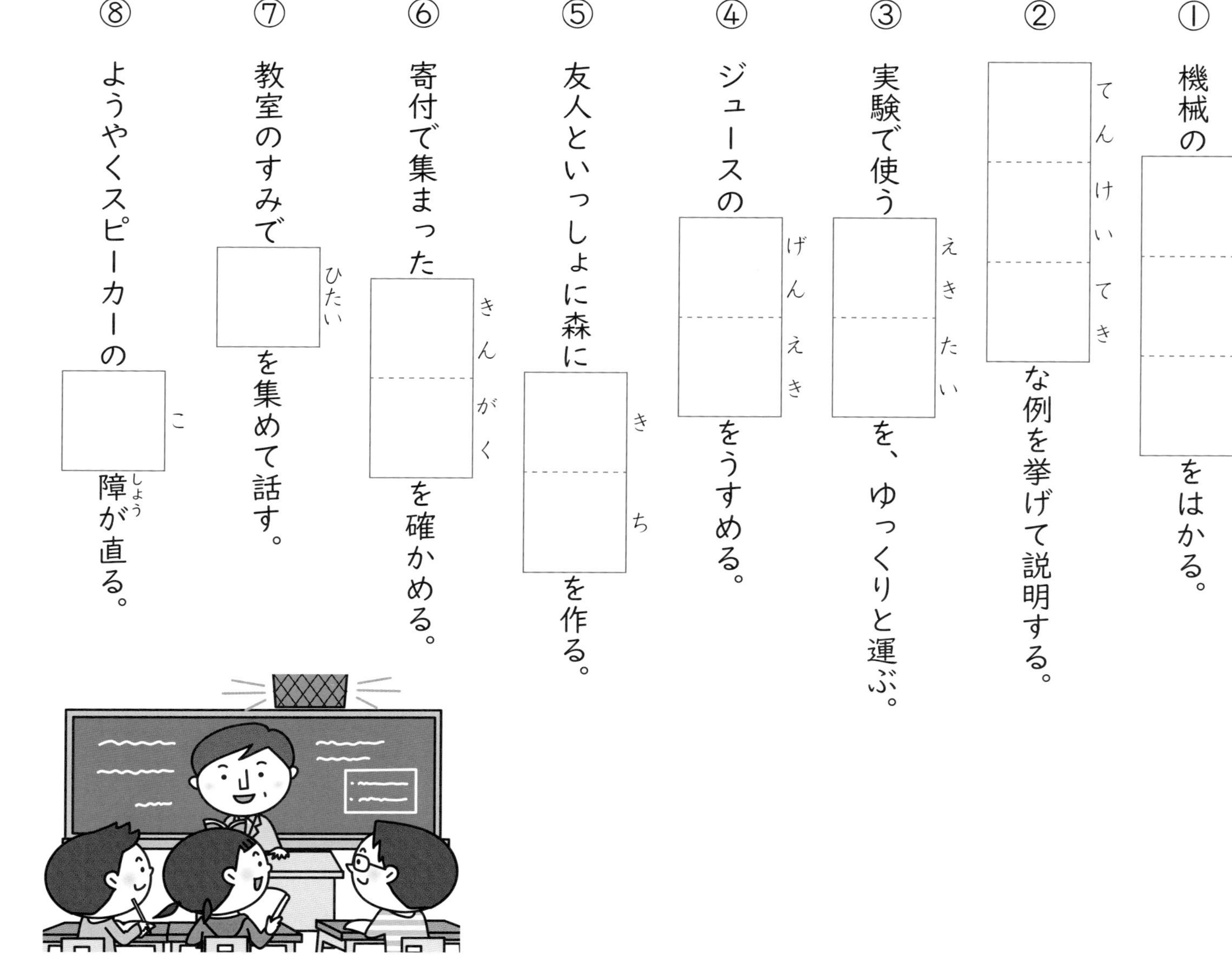

ヒント ２ ⑦「ひたいを集める」とは、「人が集まり、熱心に相談する」という意味です。

# きほんのドリル 36.

## やなせたかし――アンパンマンの勇気 (1)

時間15分　合格80点　／100

答え102ページ　サクッとこたえあわせ

月　日

### 書いて覚えよう！

|  |  |  |  |  |
|---|---|---|---|---|
| 婦 | フ | 11画 | おんなへん | 婦人服（ふじんふく）　主婦（しゅふ）　新婦（しんぷ）　夫婦（ふうふ） |
| 救 | キュウ・すくう | 11画 | のぶん・ぼくづくり | 救助（きゅうじょ）　救急車（きゅうきゅうしゃ）　命（いのち）を救（すく）う |
| 格 | カク | 10画 | きへん | 本格的（ほんかくてき）　格別（かくべつ）　人格（じんかく）　性格（せいかく） |
| 職 | ショク | 18画 | みみへん | 職員室（しょくいんしつ）　職業（しょくぎょう）　職人（しょくにん） |
| 移 | イ・うつる・うつす | 11画 | のぎへん | 移動（いどう）　移住（いじゅう）　席（せき）を移（うつ）る |



### 読んで覚えよう！

●…読み方が新しい漢字

教173ページ　名　メイ　ミョウ　な

**1** 読みがなを書きましょう。　20点（一つ4）

① 仲のよい夫（ふう）婦。（　）

② かん者の命を救う。（　）

③ 本格的な暑さになる。（　）

④ 職員室に入る。（　）

⑤ 車を移動する。（　）

「職」の十七・十八画目の筆順に注意しましょう。

← うらのページに続くよ！

教科書 171〜183ページ

## 2 あてはまる漢字を書きましょう。

80点（一つ10）

① 好きな作家の［ほんみょう］を知っている。

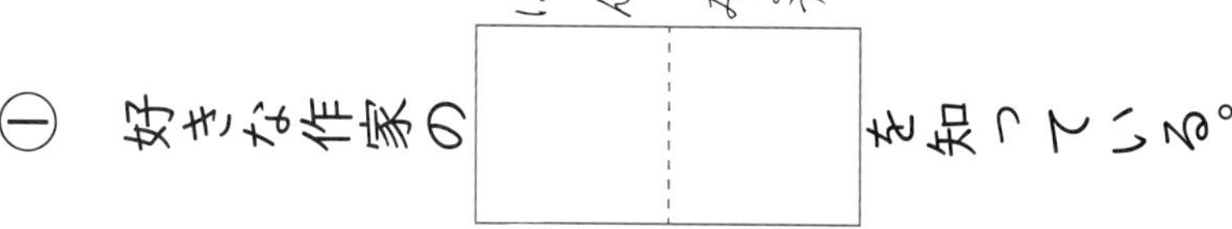

② 母と［ふじんふく］を買いに行く。

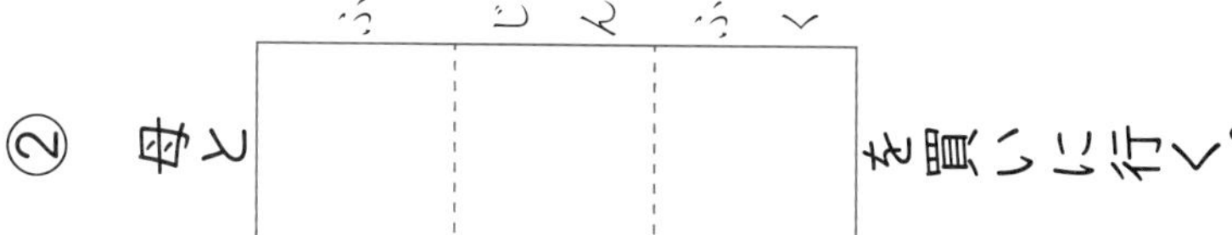

③ 見事な機転で、仲間をピンチから［す］くう。

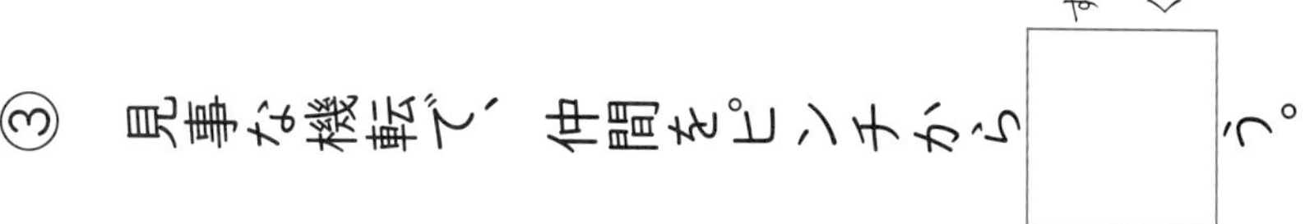

④ 電話をかけて［きゅうきゅうしゃ］を呼ぶ。

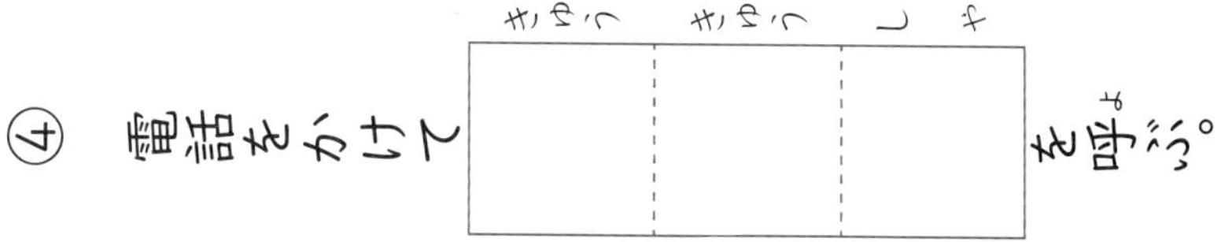

⑤ 親友は明るい［せいかく］で、いつも元気だ。

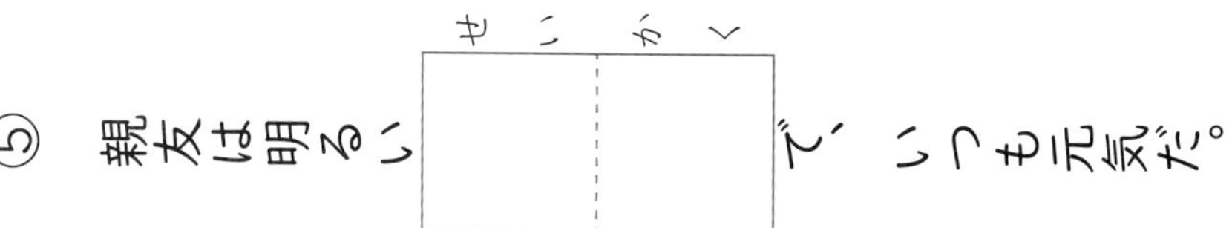

⑥ 消防士は、弟のあこがれの［しょくぎょう］だ。

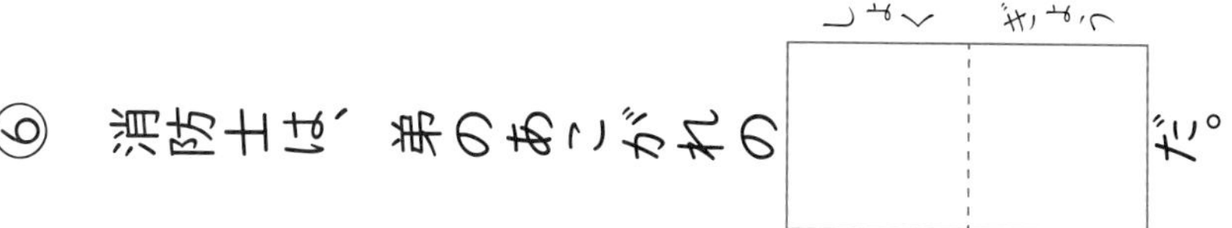

⑦ 県外に［いじゅう］した友人と会う。

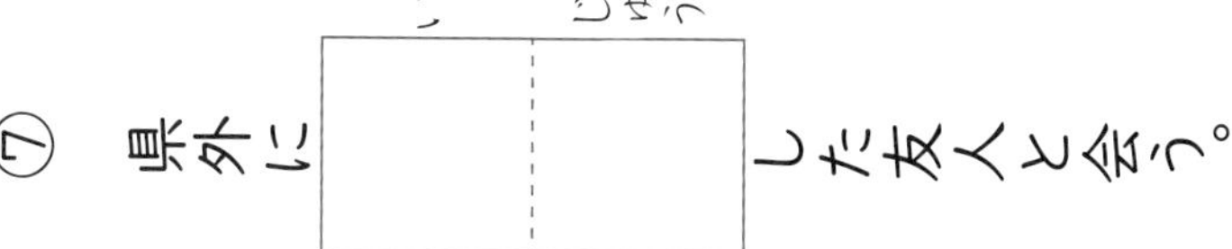

⑧ 明日から、窓側の席に［うつ］る。

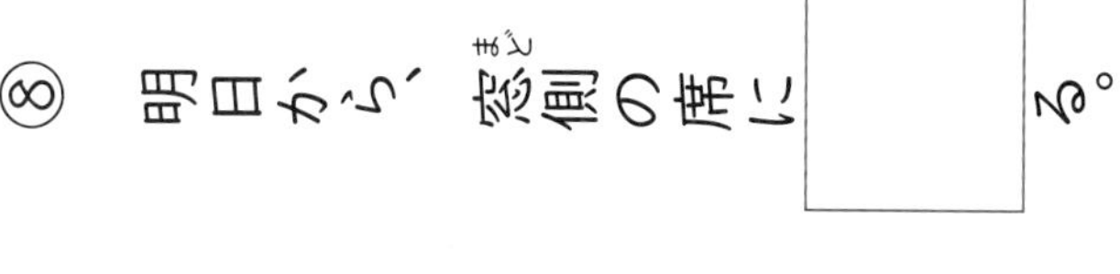

ヒント 2 ⑧「うつる」は同じ読み方の漢字の「写る」との使い分けに注意しましょう。

# きほんのドリル 37 やなせたかし――アンパンマンの勇気 (2)

時間 15分　合格80点　/100

答え 102ページ

月　日

## 書いて覚えよう！

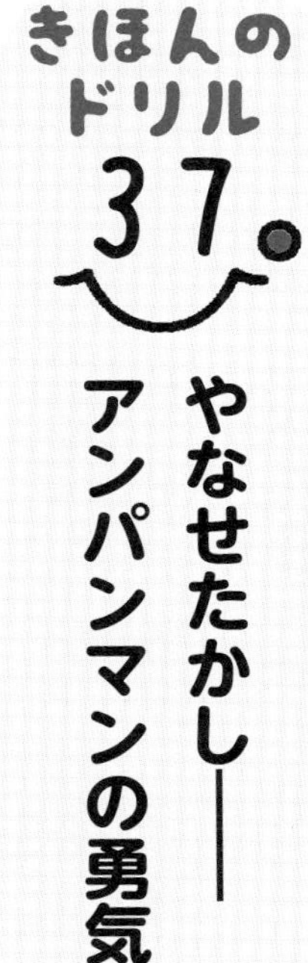

教 175ページ
**墓** ボ／はか（長く）　13画
墓地（ぼち）　墓前（ぼぜん）　墓石（ぼせき）　墓参り（はかまいり）
墓（つち）

教 176ページ
**義** ギ（わすれずに）　13画
意義（いぎ）　講義（こうぎ）　義理（ぎり）　正義（せいぎ）
義（ひつじ）

教 176ページ
**殺** サツ／ころす（上にはねる）　10画
殺気（さっき）　殺風景（さっぷうけい）　息を殺す（いきをころす）
殺（るまた・ほこづくり）

教 176ページ
**貧** ビン／まずしい（「今」としない）　11画
貧乏（びんぼう）　貧しい生活（まずしいせいかつ）
貧（かい・こがい）

教 177ページ
**版** ハン（おる）　8画
出版（しゅっぱん）　版画（はんが）　木版（もくはん）　初版（しょはん）
版（かたへん）

## 読んで覚えよう！

●…読み方が新しい漢字　||…おくりがな

教 178ページ
**後** ゴ・コウ／のち／うし‖ろ／あと

**1** 読みがなを書きましょう。　20点（一つ4）

① 墓参りに行く。（　）

② 意義のある活動。（　）

③ 息を殺してかくれる。（　）

④ 想像力が貧しい。（　）

⑤ 出版社に勤（つと）める。（　）

うらのページに続くよ！

教科書 171～183ページ

## 2 あてはまる漢字を書きましょう。

80点（一つ10）

① 先祖のお［はか］の周りをそうじする。

② 花を買って、［ぼち］に行く。

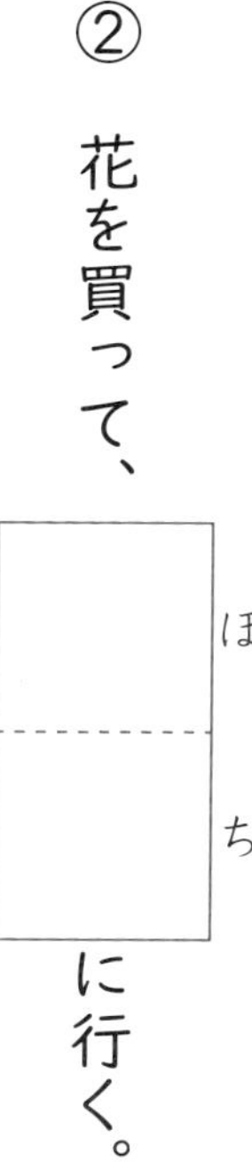

③ ［せいぎ］のヒーローが活やくする場面に喜ぶ。

④ 兄は虫も［ころ］さぬやさしい人だ。

⑤ ［さっぷうけい］な庭に花を植える。

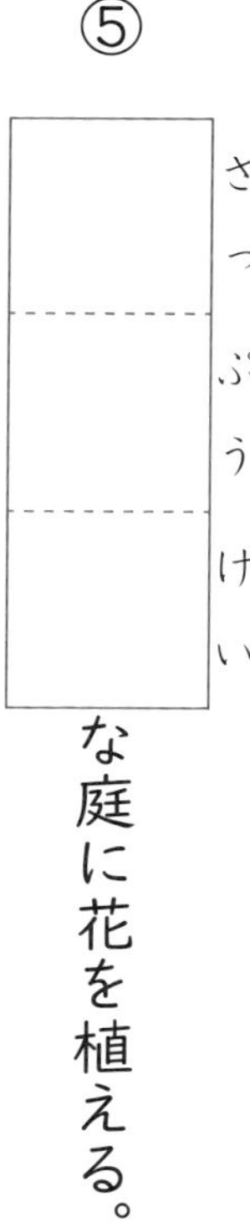

⑥ 友人に、発想力が［まず］しいと言われる。

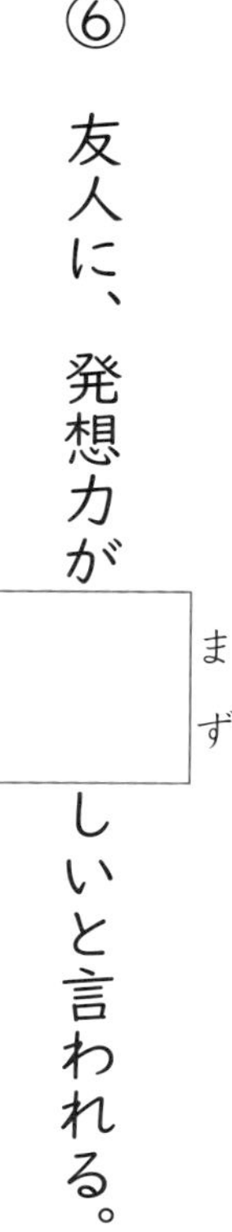

⑦ ［はんが］の作品集を出す。

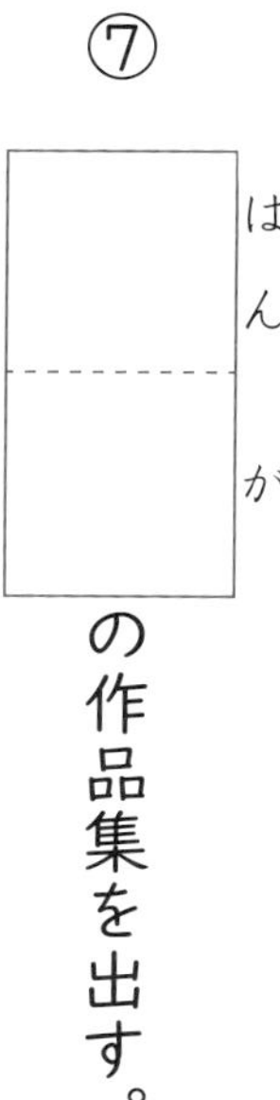

⑧ このときの学生が、［のち］に世界的に有名な学者になる。

ヒント ❷ ③「ぎ」を、「議」と書かないように注意しましょう。

# きほんのドリル 38 あなたは、どう考える

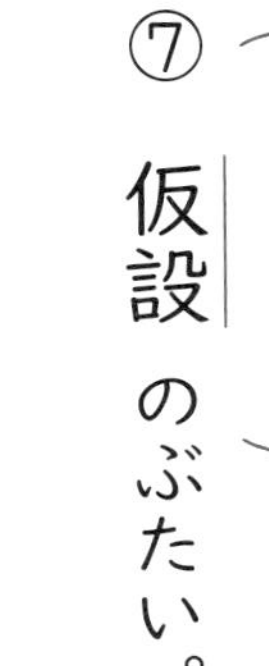

時間15分　合格80点　／100

答え102ページ　サクッとこたえあわせ

月　日

## 書いて覚えよう！

教187ページ

**述**　ジュツ　の(べる)

述語（じゅつご）　記述（きじゅつ）　考（かんが）えを述（の）べる

8画　述述述述述述述述

しんにょう　しんにゅう　つけない

教187ページ

**仮**　カ　かり

仮説（かせつ）　仮題（かだい）　仮（かり）のすがた

6画　仮仮仮仮仮仮

にんべん　はらう

「述」の五画目の「、」を書きわすれないようにしよう。

## 1 読みがなを書きましょう。

28点（一つ4）

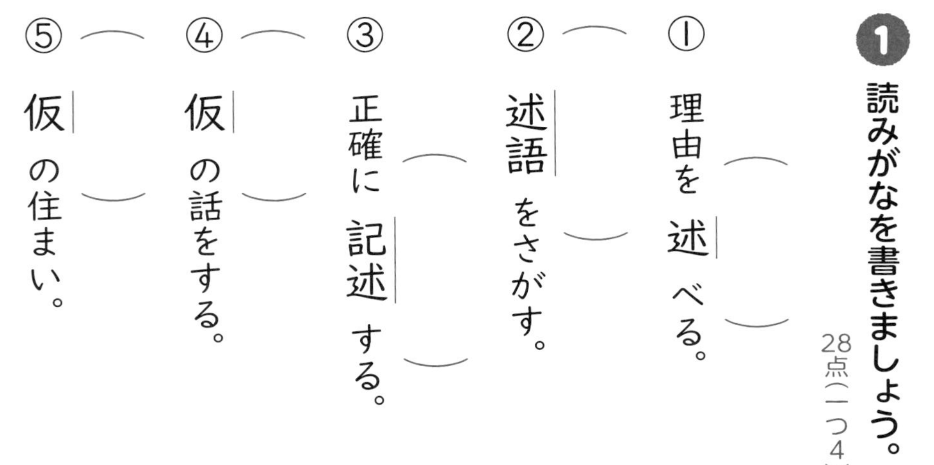

① 理由を 述 べる。（　）

② 述語 をさがす。（　）

③ 正確に 記述 する。（　）

④ 仮 の話をする。（　）

⑤ 仮 の住まい。（　）

⑥ 仮説 を立てる。（　）

⑦ 仮設 のぶたい。（　）

うらのページに続くよ！

## 2 あてはまる漢字を書きましょう。

72点(一つ9)

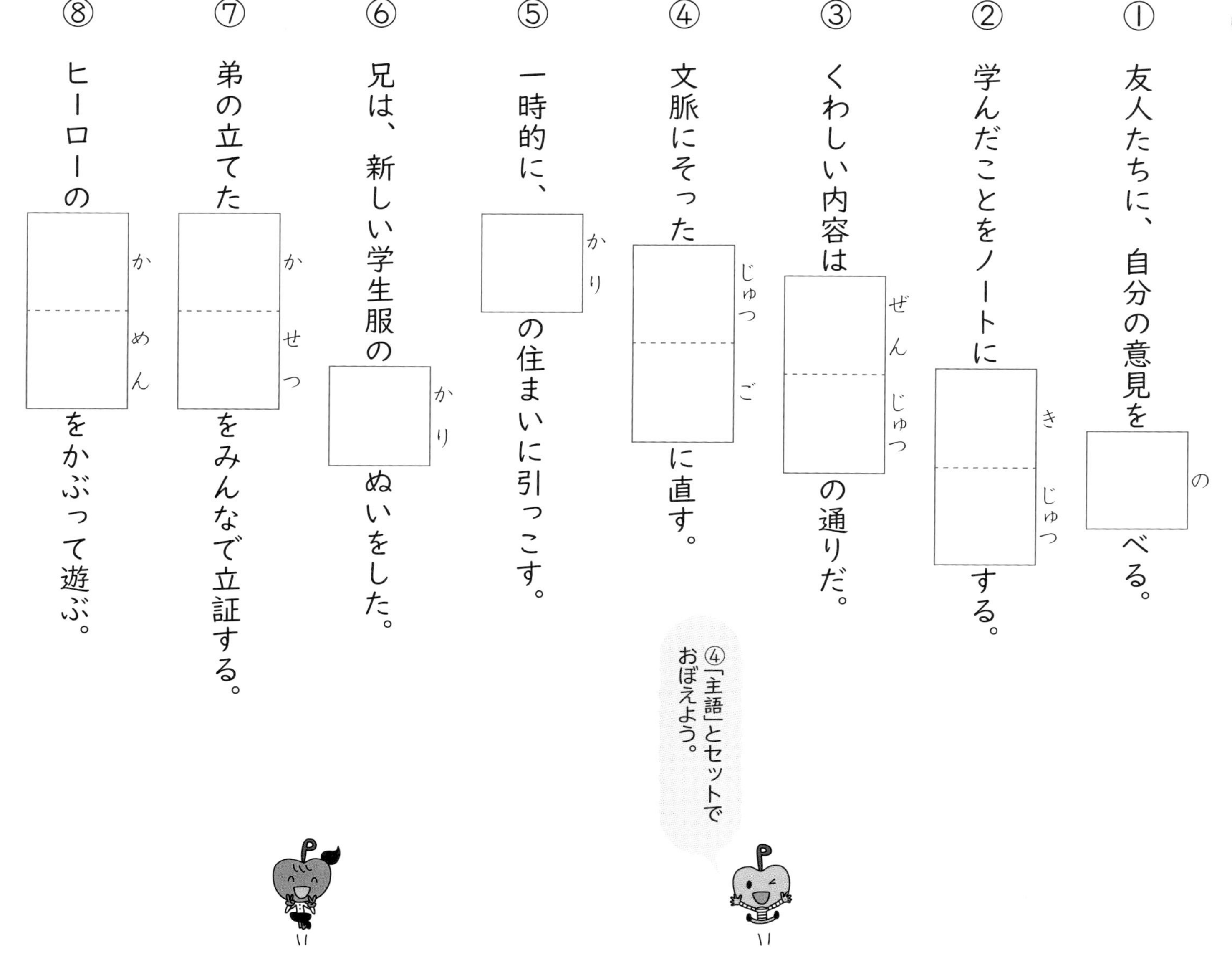


① 友人たちに、自分の意見を［の］べる。

② 学んだことをノートに［き じゅつ］する。

③ くわしい内容は［ぜん じゅつ］の通りだ。

④ 文脈にそった［じゅつ ご］に直す。

⑤ 一時的に、［かり］の住まいに引っこす。

⑥ 兄は、新しい学生服の［かり］ぬいをした。

⑦ 弟の立てた［か せつ］をみんなで立証する。

⑧ ヒーローの［か めん］をかぶって遊ぶ。

ヒント ② ⑦「かせつ」は、「まだ証明できていないことを、かりにそうだと定めること」という意味です。

# まとめのドリル 39。

## 固有種が教えてくれること～ あなたは、どう考える

月　日

**1** 漢字の読みがなを書きましょう。　52点（一つ4）

① 市役所の 職員（　　） に書類をわたす。

② 有名になり、部員の数が 増（　　） える。

③ 試合中に 反則（　　） しないように注意する。

④ 安全の 基準（　　） を満たした製品を買う。

⑤ 休み時間の間に、音楽室に 移動（　　） する。

⑥ 貯金（　　） の 額（　　） をかくにんする。

⑦ 交通 事故（　　） を 減（　　） らせるように努める。

⑧ 改築（　　） の工事の 日程（　　） を決める。

⑨ 学校の 風紀（　　） の 規約（　　） を守る。

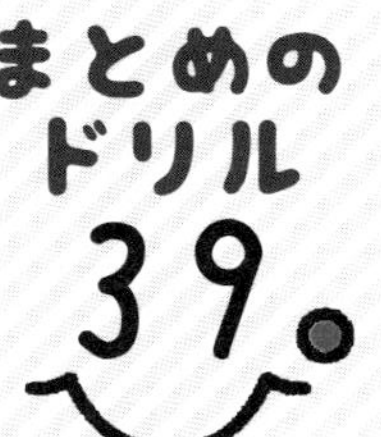


うらのページに続くよ！

## 2 あてはまる漢字を書きましょう。

48点(一つ4)

① 停電の＿＿（ふっきゅう）工事が始まる。

② 留守番をしていたと＿＿（しょうげん）する。

③ 報告書に＿＿＿（ぶんぷず）を付ける。

④ きずついた野生の鹿を＿＿（ほご）する。

⑤ 列車から、＿＿（さんみゃく）をながめる。

⑥ 父はいつも「友達は＿＿（ざいさん）だ。」という。

⑦ 日本の＿＿（でんとう）文化を守る＿＿（せきにん）がある。

⑧ 主役が＿（ふたた）び、＿＿（かめん）をかぶる。

⑨ 理科の＿＿（じゅぎょう）で＿＿（えきたい）を使った実験をする。

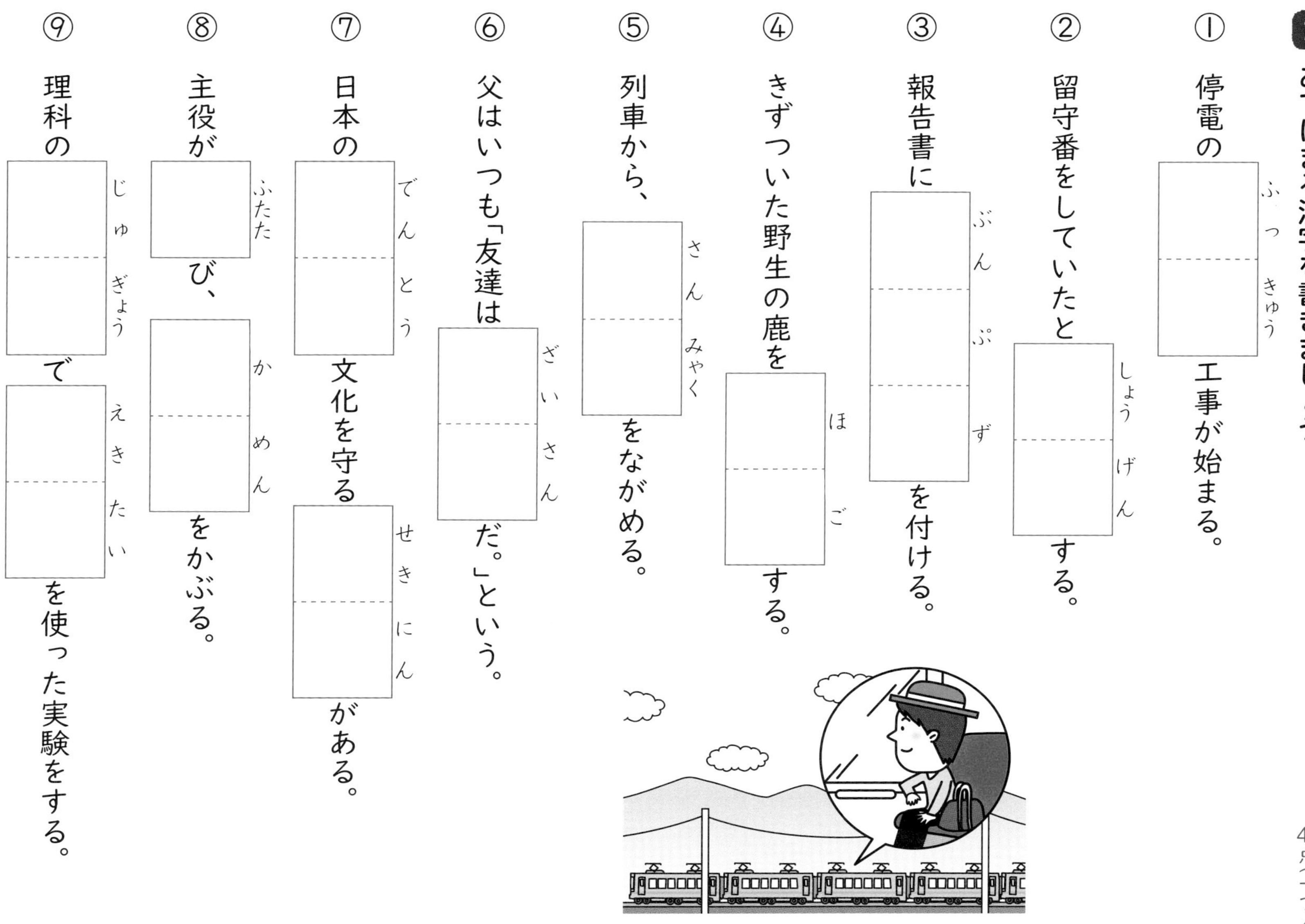

冬休みのホームテスト

# 40。九月から十二月に習った漢字と言葉

時間 20分　合格80点　／100

答え103ページ　サクッとこたえあわせ

月　日

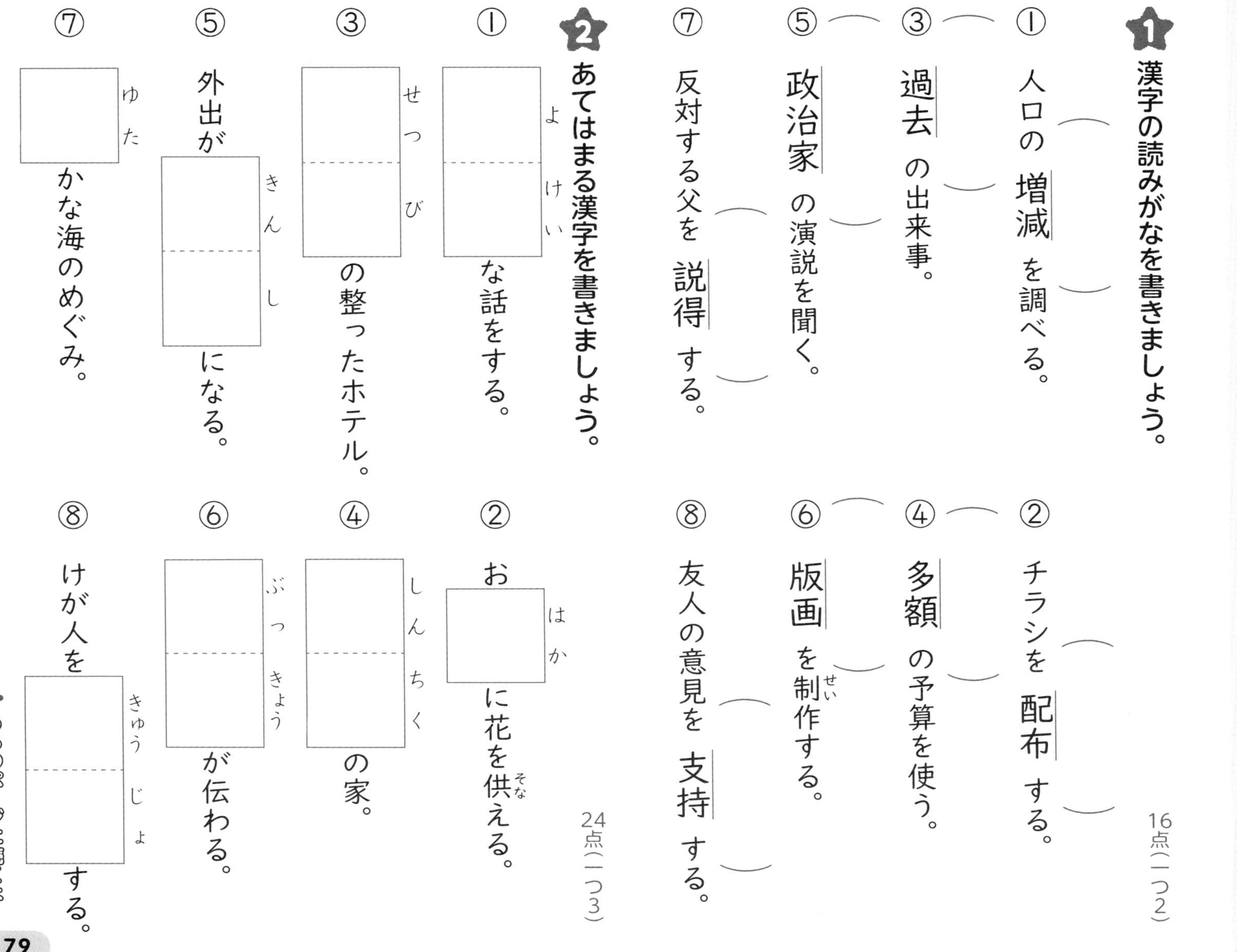

## 1 漢字の読みがなを書きましょう。 16点（一つ2）

① 人口の 増減（　） を調べる。

② チラシを 配布（　） する。

③ 過去（　） の出来事。

④ 多額（　） の予算を使う。

⑤ 政治家（　） の演説を聞く。

⑥ 版画（　） を制（せい）作する。

⑦ 反対する父を 説得（　） する。

⑧ 友人の意見を 支持（　） する。

## 2 あてはまる漢字を書きましょう。 24点（一つ3）

① □□（よ・けい）な話をする。

② お□（はか）に花を供（そな）える。

③ □□（せつ・び）の整ったホテル。

④ □□（しん・ちく）の家。

⑤ 外出が□□（きん・し）になる。

⑥ □□（ぶっ・きょう）が伝わる。

⑦ □（ゆた）かな海のめぐみ。

⑧ けが人を□□（きゅう・じょ）する。

うらのページに続くよ！

## 3 次の漢字の総画数を漢数字で書き、意味を表す部分のよび名をそれぞれあとから選んで書きましょう。

12点(完答一つ3)

① 液（　画　）
② 採（　画　）
③ 寄（　画　）
④ 個（　画　）

［てへん　うかんむり　りっとう　さんずい　つかんむり　にんべん］

## 4 次の各文に一つあるまちがった漢字をぬき出し、正しく直した漢字を書きましょう。

24点(完答一つ6)

まちがい→正しい

① 多くの人の質同を得て発言台に立つ。
② 地球の資源は可態な限り次世代へ残したい。
③ 貿易の条件を調査する組職に所属している。
④ 国際的な規測は国内の常識では判断できない。

## 5 次の□に共通してあてはまる漢字を書きましょう。

24点(一つ4)

① 日□・□度・音□
② 愛□・□弁・□保
③ □図・省□・□計
④ 合□・□別・資□
⑤ □言・□明・検□
⑥ □果・実□・□有

# きほんのドリル 42。 熟語(じゅく)の読み方 (2)

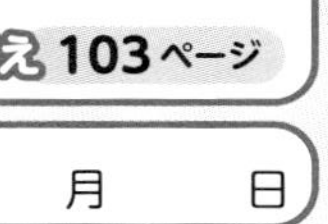

時間 15分　合格80点　／100

答え 103ページ　サクッとこたえあわせ

月　日

## 書いて覚えよう！

|  |  |  |  |  |  |  |
|---|---|---|---|---|---|---|
| 毒 | ドク | 8画 | 毒毒毒毒毒毒毒毒 | 消毒(しょうどく)　気の毒(きのどく)　毒草(どくそう) | なかれ | 教197ページ |
| 営 | エイ・いとなむ | 12画 | 営営営営営営営営営営営営 | 営業(えいぎょう)　国営(こくえい)　生活(せいかつ)を営(いとな)む | つかんむり | 教197ページ |
| 犯 | ハン | 5画 | 犯犯犯犯犯 | 犯人(はんにん)　犯罪(はんざい)　防犯(ぼうはん)　犯行(はんこう) | けものへん | 教197ページ |
| 講 | コウ | 17画 | 講講講講講講講講講講講講講講講講講 | 大講堂(だいこうどう)　講演(こうえん)　講義(こうぎ)　講習(こうしゅう) | ごんべん | 教197ページ |
| 師 | シ | 10画 | 師師師師師師師師師師 | 医師(いし)　教師(きょうし)　漁師(りょうし)　恩師(おんし) | はば | 教197ページ |

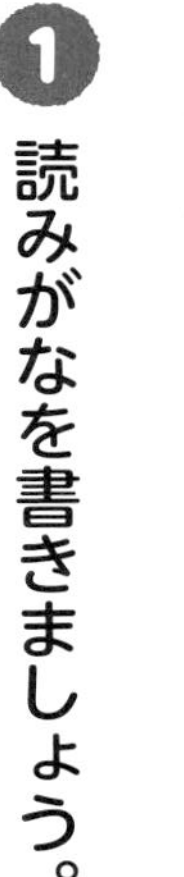

## 1 読みがなを書きましょう。

20点(一つ4)

① 手を 消毒 する。（　　）

② 来月から 営業 する。（　　）

③ 防犯 対策(さく)をする。（　　）

④ 講義 に出席する。（　　）

⑤ 大学の 講師 になる。（　　）

教科書 196〜197ページ

← うらのページに続くよ！

## 2 あてはまる漢字を書きましょう。

80点（一つ10）

① 転んでできた傷口を［しょうどく］する。

② 山菜に似ている［どく］のある植物に気をつける。

③ 大会の［うんえい］委員として活動する。

④ 父は本屋を［いとな］んでいる。

⑤ パトロールをして［はんざい］を未然に防ぐ。

⑥ 苦手な水泳の［こうしゅう］を受ける。

⑦ わたしの夢は英語の［きょうし］になることだ。

⑧ 内科の［いし］から病状の説明を受ける。

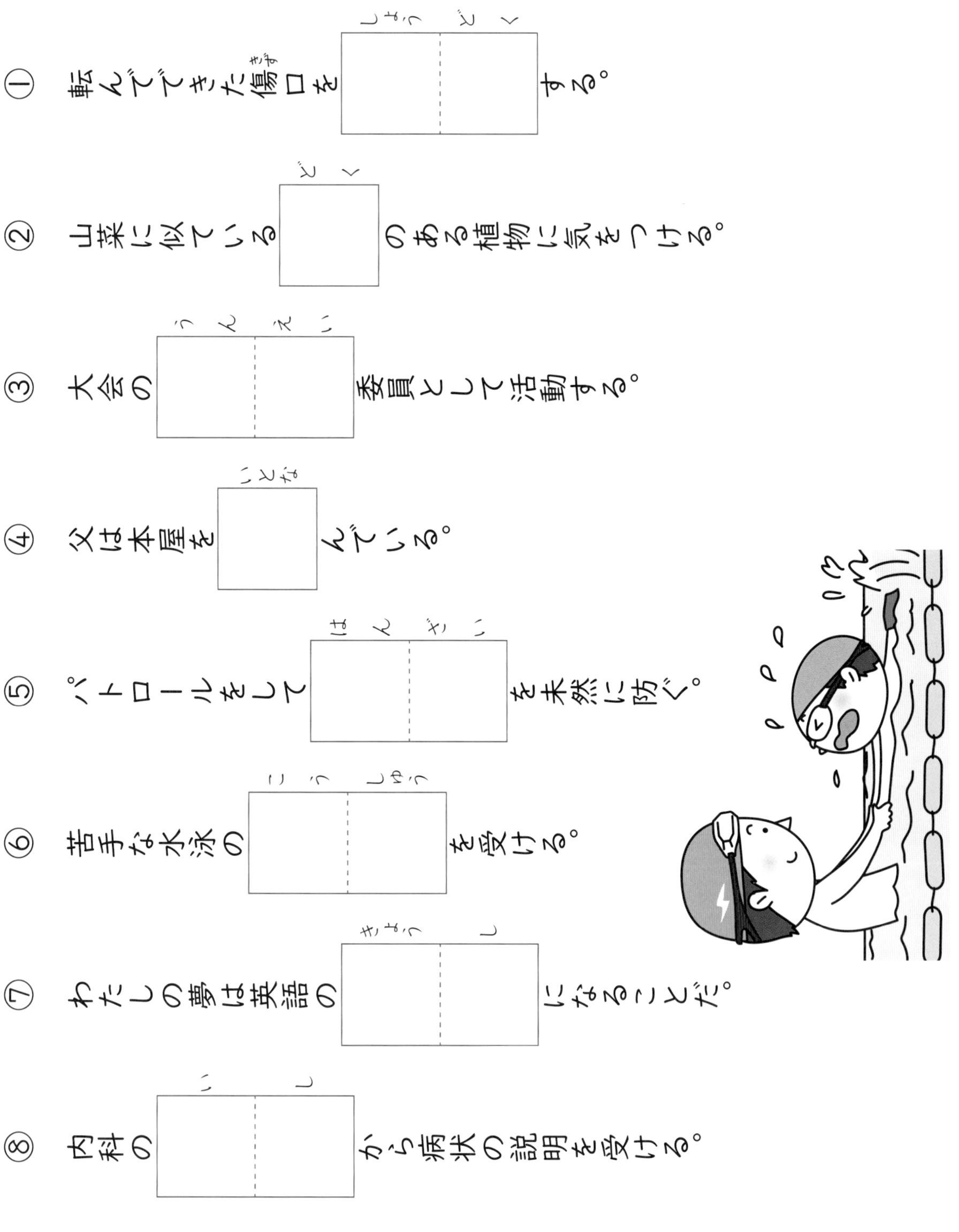

ヒント 2 ⑥「こう」は、「構」と書かないように注意しましょう。

# きほんのドリル 43. 熟語(じゅく)の読み方 (3)

## 書いて覚えよう！

教 197ページ

精 セイ (はねる)

14画 精精精精精精精精精精精精精精

こめへん

精度(せいど)　精力的(せいりょくてき)　精神(せいしん)

## 1 読みがなを書きましょう。 28点(一つ4)

① 精力的(　　) に活動する。

② 清水(　　) をくむ。

③ 川原(　　) で遊ぶ。

④ 八百屋(　　) に野菜が並(なら)ぶ。

⑤ 果物(　　) を食べる。

⑥ 迷子(　　) をさがす。

⑦ 虫眼鏡(　　) で見る。

## 読んで覚えよう！

●…特別な読み方をする漢字

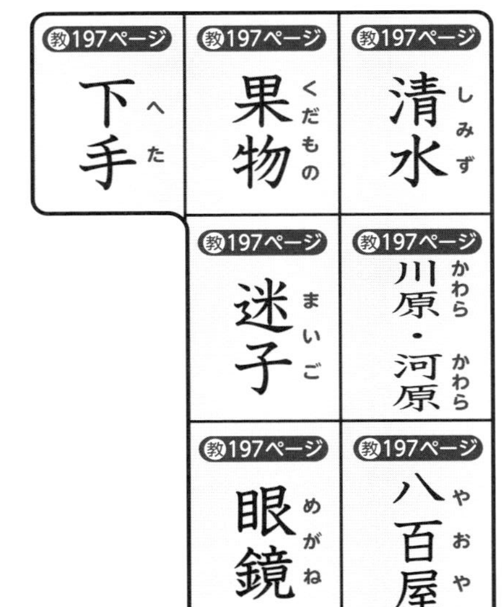

| | | |
|---|---|---|
| 教197ページ 清水(しみず) | 教197ページ 果物(くだもの) | 教197ページ 下手(へた) |
| 教197ページ 川原(かわら)・河原(かわら) | 教197ページ 迷子(まいご) | |
| 教197ページ 八百屋(やおや) | 教197ページ 眼鏡(めがね) | |



うらのページに続くよ！

## 2 あてはまる漢字を書きましょう。

72点（一つ9）

① （せいしん）を集中して役者が本番にのぞむ。

② 冷たい（しみず）を飲む。

③ （かわら）でバーベキューをする。

④ （やおや）で野菜を買う。

⑤ （くだもの）の皮をむいて食べる。

⑥ 泣いている（まいご）に話しかける。

⑦ （めがね）のレンズをふく。

⑧ 字が（へた）なので、習字に通う。

①以外はとくべつな読み方の言葉だね。

ヒント 2 ①「せい」は、形の似ている「静」「清」「晴」と書かないように注意しましょう。

# 想像力のスイッチを入れよう
## 複合語 (1)

## 書いて覚えよう！

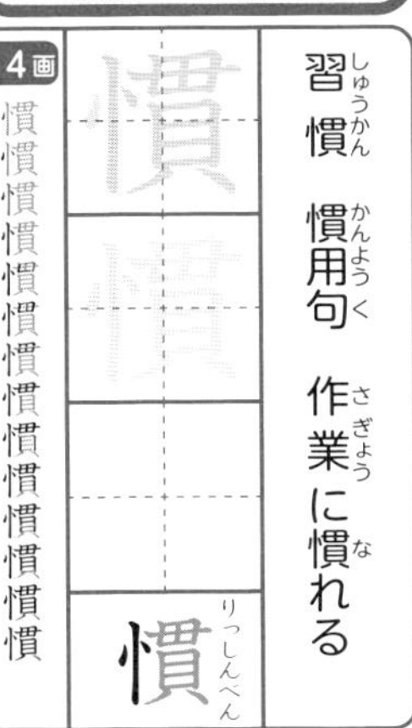


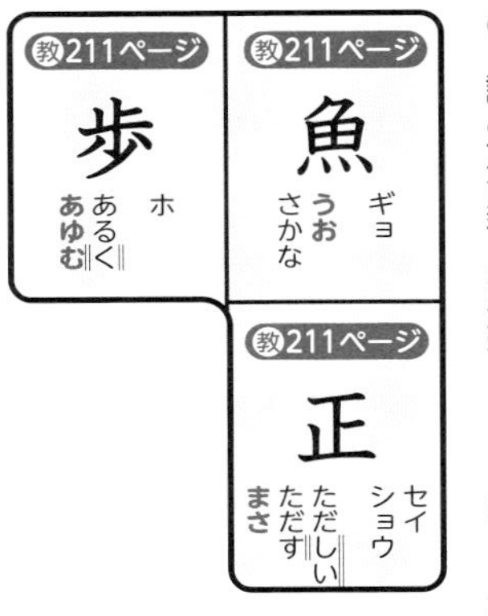

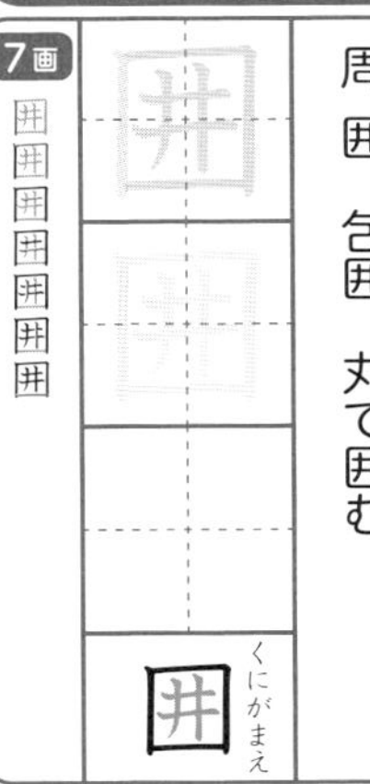


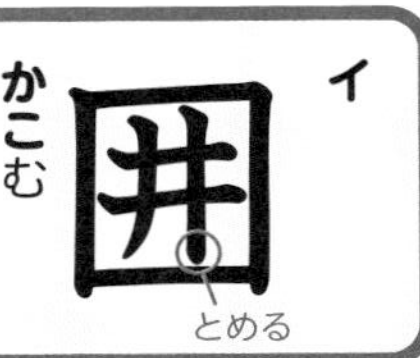

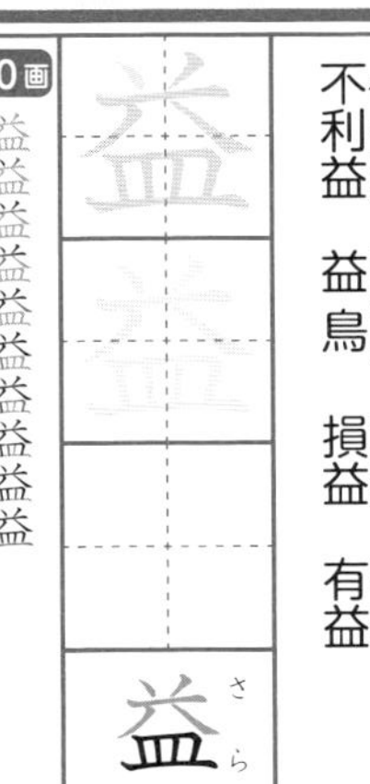


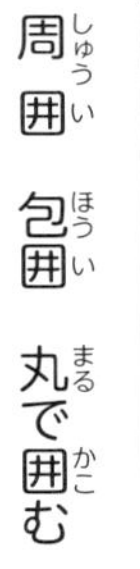

## 読んで覚えよう！

●…読み方が新しい漢字　　‖…おくりがな

| 教211ページ | 教211ページ | 教211ページ |
|---|---|---|
| 魚　ギョ　うお　さかな | 歩　ホ　ある‖く　あゆ‖む | 正　セイ　ショウ　ただ‖しい　ただ‖す　まさ |

**1** 読みがなを書きましょう。 20点（一つ4）

① 独自の 習慣（　　） がある。

② 周囲（　　） に集まる。

③ 不利益（　　） を受ける。

④ 災害（　　） に備える。

⑤ 枝分（　　） かれをする。

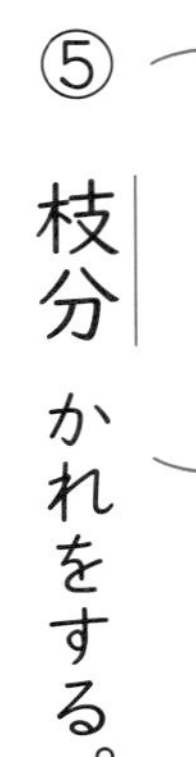

← うらのページに続くよ！

## 2 あてはまる漢字を書きましょう。

80点（一つ10）

① （かんれい）にしたがって祭りを行う。

② 事件の犯人を警察官（けいさつかん）が（ほうい）する。

③ 旅先で、（ゆうえき）な情報を入手する。

④ 学校で、（ぼうさい）訓練を行う。

⑤ （うおいちば）で働く父。

⑥ わたしは（まさゆめ）を見たことがある。

⑦ 公園の桜の（こえだ）を折ってはいけない。

⑧ おたがいに（あゆ）み寄って、よい関係を築く。

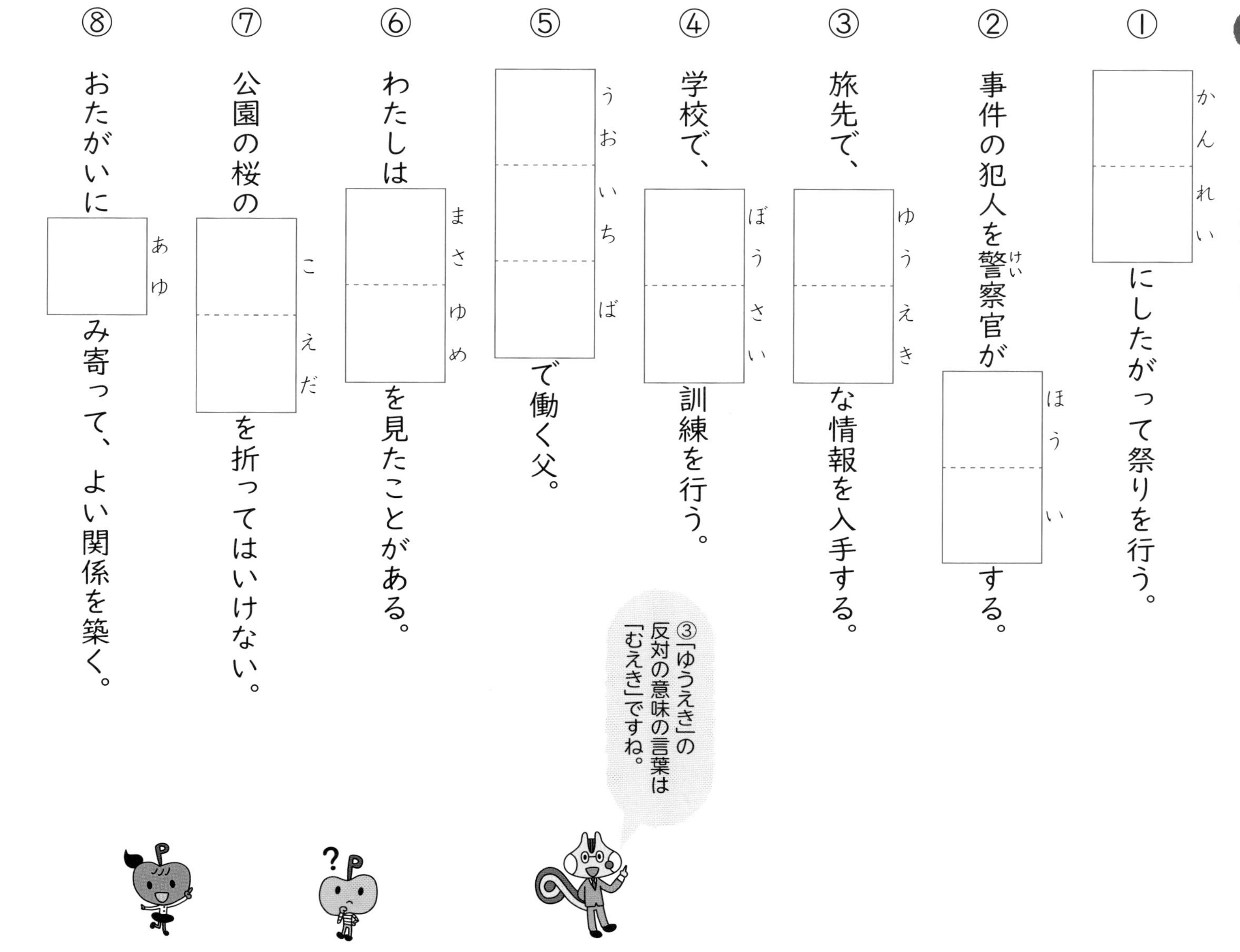


ヒント ❷ ⑦「えだ」は、「技」と書かないように注意しましょう。

# 複合語 (2)

書いて覚えよう！

📖教211ページ
**費** ヒ（はねる）
12画
消費者（しょうひしゃ）　費用（ひよう）　食費（しょくひ）
貝（こがい）

📖教211ページ
**税** ゼイ（上にはねる）
12画
消費税（しょうひぜい）　課税（かぜい）　減税（げんぜい）　税金（ぜいきん）
禾（のぎへん）

📖教211ページ
**制** セイ（とめる）
8画
先制点（せんせいてん）　制限（せいげん）　制服（せいふく）　制度（せいど）
刂（りっとう）

📖教211ページ
**衛** エイ（「五」にしない）
16画
人工衛星（じんこうえいせい）　衛生（えいせい）　自衛（じえい）
行（ぎょうがまえ・ゆきがまえ）

📖教211ページ
**耕** コウ　たがやす（とめる）
10画
農耕（のうこう）　耕地（こうち）　畑を耕す（はたけをたがやす）
耒（すきへん・らいすき）

**1** 読みがなを書きましょう。　28点（一つ4）

① 費用 を計算する。（　　）
② 食費 がかかる。（　　）
③ 税金 をはらう。（　　）
④ 国の 体制 を整える。（　　）
⑤ 人工衛星 を打ち上げる。（　　）
⑥ 農耕地帯 を広げる。（　　）
⑦ 畑を 耕 す。（　　）

うらのページに続くよ！

## ❷ あてはまる漢字を書きましょう。

72点（一つ9）

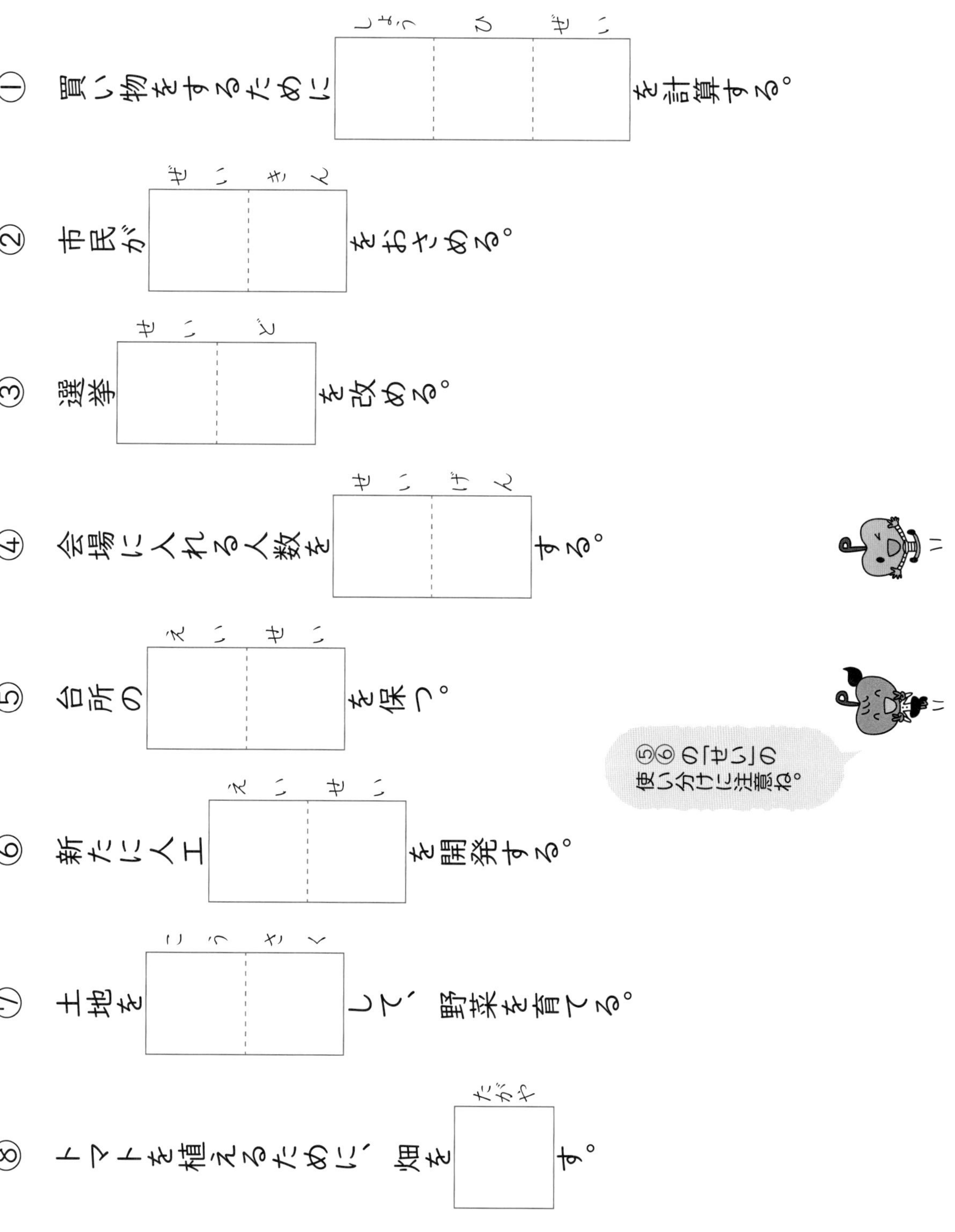


① 買い物をするために［しょうひぜい］を計算する。

② 市民が［ぜいきん］をおさめる。

③ 選挙［せいど］を改める。

④ 会場に入れる人数を［せいげん］する。

⑤ 台所の［えいせい］を保つ。

⑥ 新たに人工［えいせい］を開発する。

⑦ 土地を［こうさく］して、野菜を育てる。

⑧ トマトを植えるために、畑を［たがや］す。

ヒント ❷ ③④「せい」は、「製」と書かないように注意しましょう。

# きほんのドリル 46。 複合語 (3)

時間 15分　合格80点　／100

答え103ページ　サクッとこたえあわせ

月　日

## 書いて覚えよう！

**損**（教211ページ）ソン　「月」としない　13画
損害（そんがい）　破損（はそん）　損得（そんとく）　損失（そんしつ）
損（てへん）
損損損損損損損損損損損損損

**粉**（教211ページ）フン　こ　こな　はなす　10画
花粉（かふん）　粉末（ふんまつ）　小麦粉（こむぎこ）　粉雪（こなゆき）
粉（こめへん）
粉粉粉粉粉粉粉粉粉粉

**均**（教212ページ）キン　はねる　7画
平均（へいきん）　均一（きんいつ）　均等（きんとう）
均（つちへん）
均均均均均均均

**輸**（教212ページ）ユ　とめる　16画
輸入品（ゆにゅうひん）　輸出（ゆしゅつ）　輸送（ゆそう）　運輸（うんゆ）
輸（くるまへん）
輸輸輸輸輸輸輸輸輸輸輸輸輸輸輸輸

**団**（教212ページ）ダン　はねる　6画
団体戦（だんたいせん）　団結（だんけつ）　消防団（しょうぼうだん）
団（くにがまえ）
団団団団団団

## 読んで覚えよう！

●…読み方が新しい漢字　＝…おくりがな

教211ページ　**合**　ゴウ　ガッ・カッ　あう・あわす　あわせる

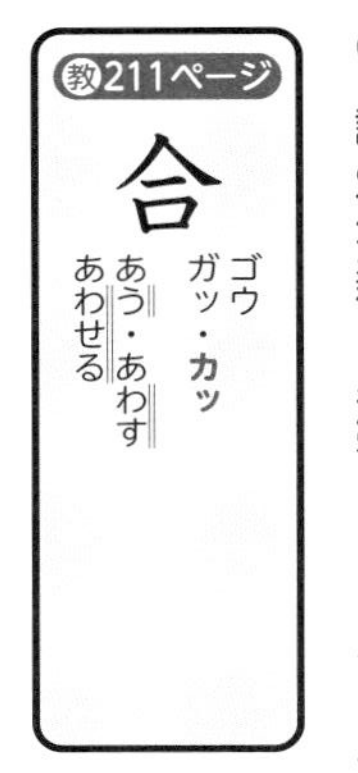

**1** 読みがなを書きましょう。 20点（一つ4）

① 大きな 損害 を受ける。（　　）

② 粉 ミルクを飲む。（　　）

③ 土を 平均 にならす。（　　）

④ 原料を 輸入 する。（　　）

⑤ 団体戦 にのぞむ。（　　）

← うらのページに続くよ！

## 2 あてはまる漢字を書きましょう。

80点（一つ10）

① 時計は［はそん］したが、けがはなかった。

② チームで［ゆきがっせん］に参加する。

③ 苦い［こなぐすり］をがまんして飲む。

④ ユリの黄色い［かふん］。

⑤ ［こむぎこ］の重さを量る。

⑥ 大きなケーキを［きんとう］に分ける。

⑦ タンカーを使って石油を［ゆそう］する。

⑧ 運動会が近づき、クラスは［だんけつ］した。

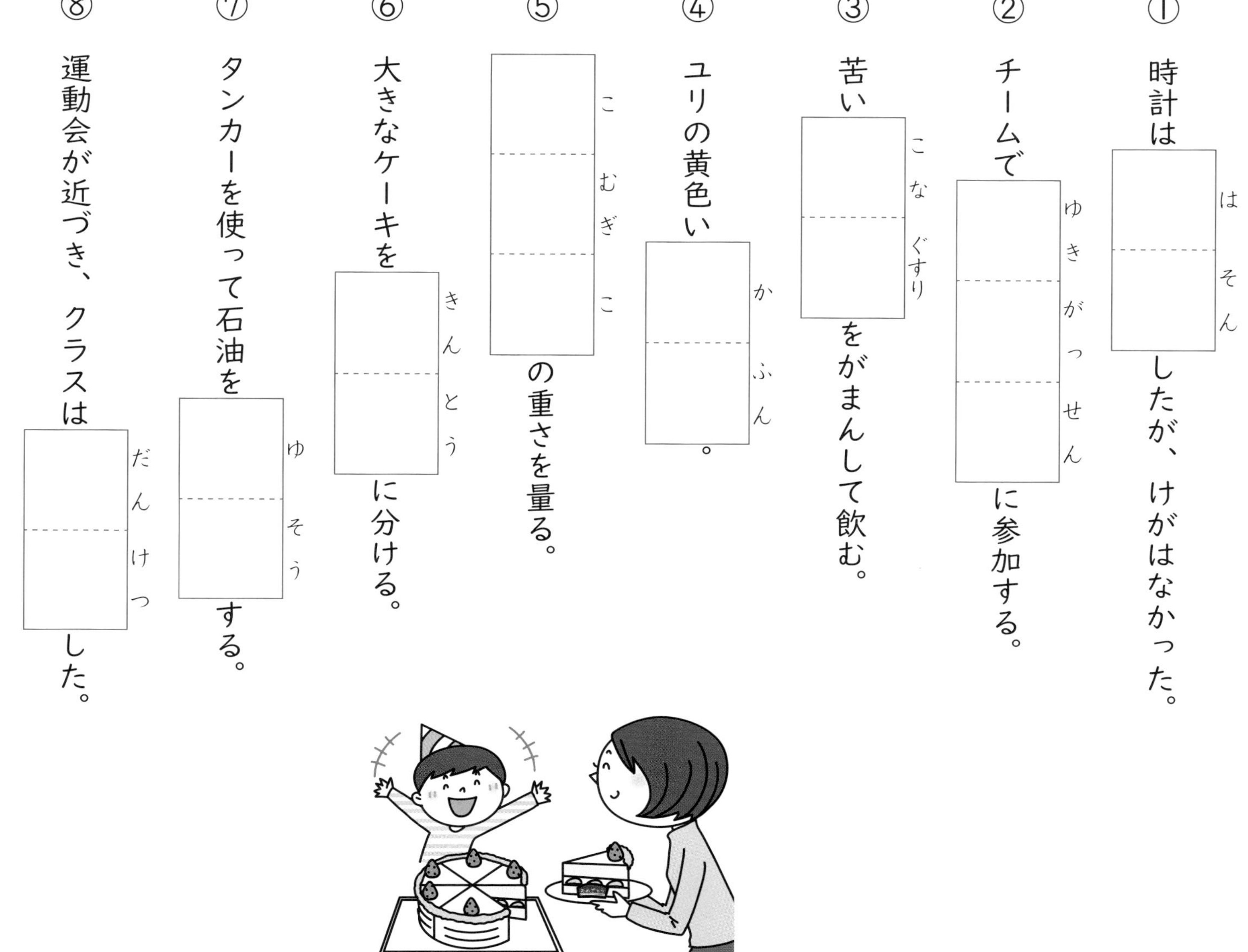

ヒント ２ ⑦「ゆ」は「輪」と書かないように注意しましょう。

# 複合語(4) 大造じいさんとガン(1)

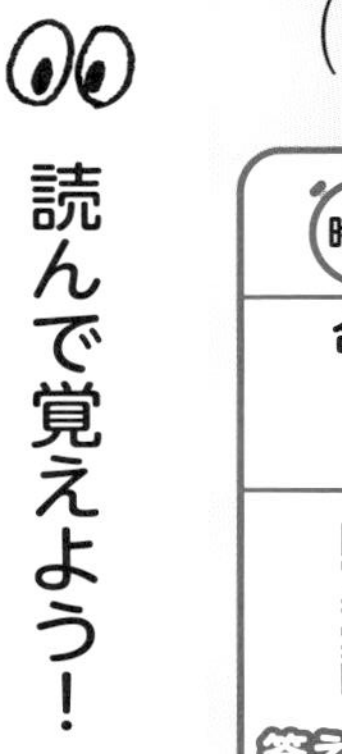

時間 15分
合格80点 ／100
答え 103ページ
月　日

教科書 211〜248ページ

## 書いて覚えよう！

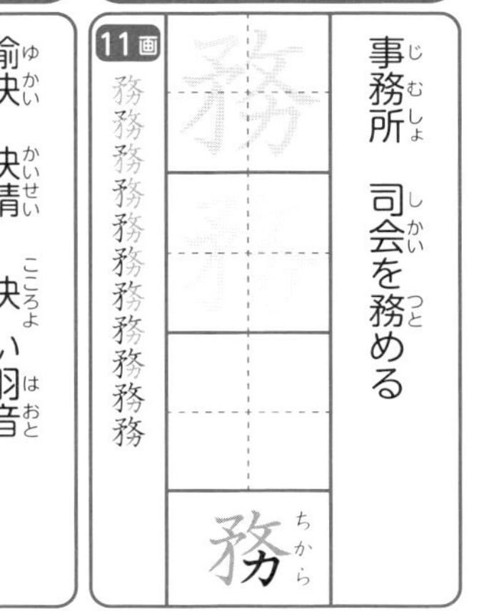

|  |  |  |  |  |  |  |  |
|---|---|---|---|---|---|---|---|
| 務 | 212ページ | ム／つとめる・つとまる | 11画 | 務務務務務務務務務務務 | 力（ちから） | 事務所(じむしょ)　司会(しかい)を務(つと)める | はねる |
| 快 | 229ページ | カイ／こころよい | 7画 | 快快快快快快快 | 忄（りっしんべん） | 愉快(ゆかい)　快晴(かいせい)　快(こころよ)い羽音(はおと) | 出る |
| 燃 | 229ページ | ネン／もえる・もやす・もす | 16画 | 燃燃燃燃燃燃燃燃燃燃燃燃燃燃燃燃 | 火（ひへん） | 燃料(ねんりょう)　燃費(ねんぴ)　火(ひ)を燃(も)やす | 「心」にしない |
| 率 | 229ページ | リツ／ひきいる | 11画 | 率率率率率率率率率率率 | 玄（げん） | 倍率(ばいりつ)　比率(ひりつ)　群(む)れを率(ひき)いる | とめる |
| 領 | 229ページ | リョウ | 14画 | 領領領領領領領領領領領領領領 | 頁（おおがい） | 頭領(とうりょう)　領土(りょうど)　大統領(だいとうりょう) | とめる |

## 読んで覚えよう！

●…読み方が新しい漢字

|  |  |  |
|---|---|---|
| 船 | 212ページ | セン／ふね・ふな |
| 角 | 212ページ | カク／かど・つの |

## 1 読みがなを書きましょう。 20点(一つ4)

① 事務をとる。（　　　）
② 愉(ゆ)快な話。（　　　）
③ 火が燃える。（　　　）
④ 学生たちを率いる。（　　　）
⑤ 頭領に相談する。（　　　）

←うらのページに続くよ！

## 2 あてはまる漢字を書きましょう。

80点（一つ10）

① 市長としての（ぎむ）と責任を負う。

② 祖父は長期の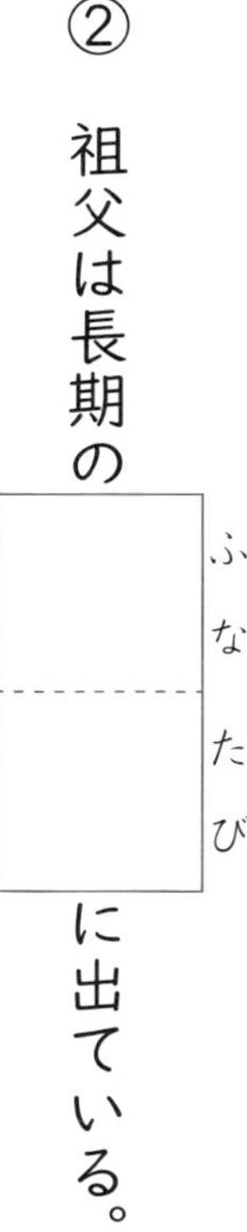（ふなたび）に出ている。

③ 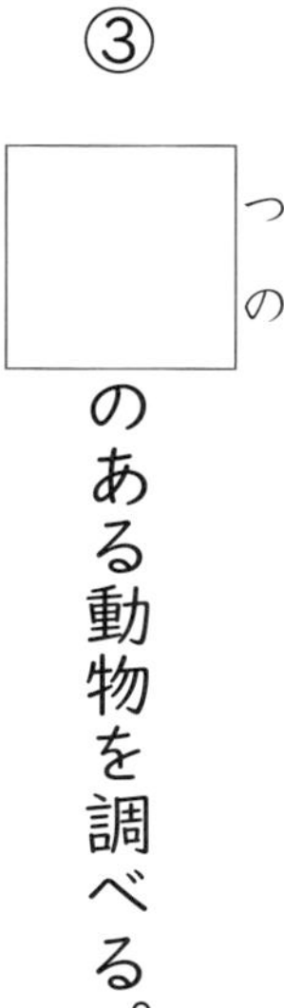（つの）のある動物を調べる。

④ 空は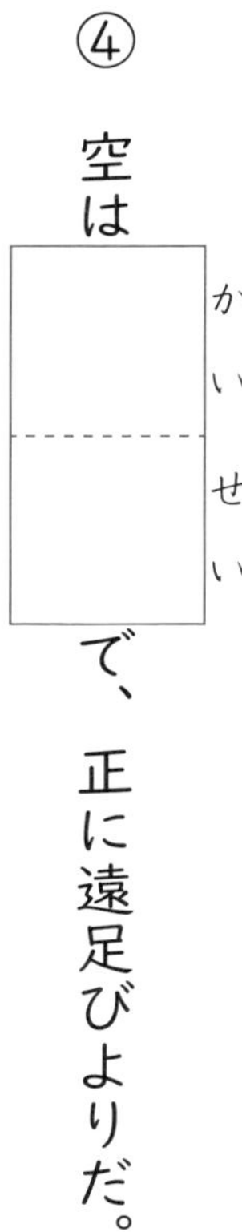（かいせい）で、正に遠足びよりだ。

⑤ □（も）えるような夕焼けに目をうばわれる。

⑥ ガイドさんが団体客を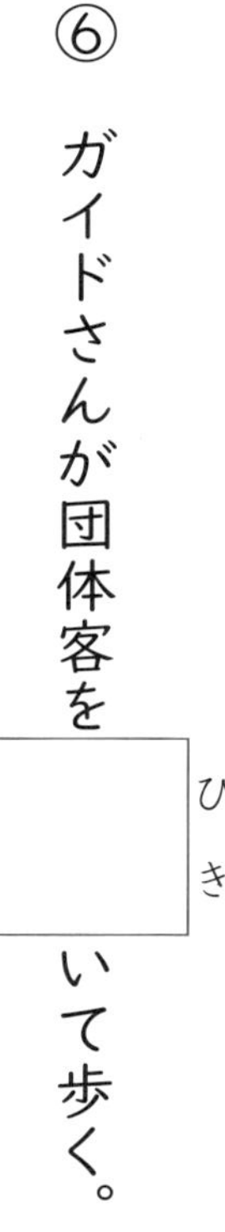（ひき）いて歩く。

⑦ 一等賞が当たる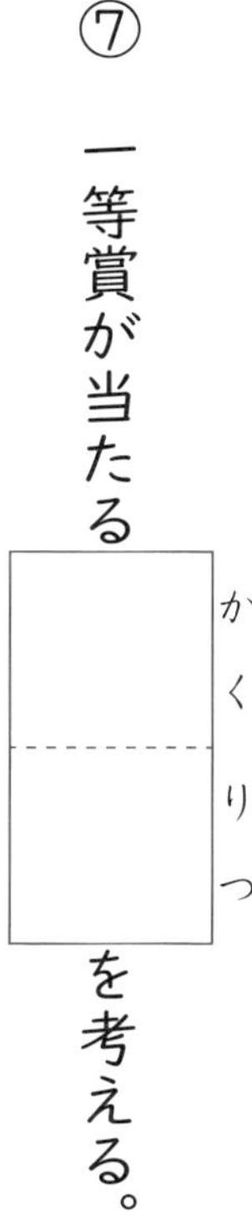（かくりつ）を考える。

⑧ 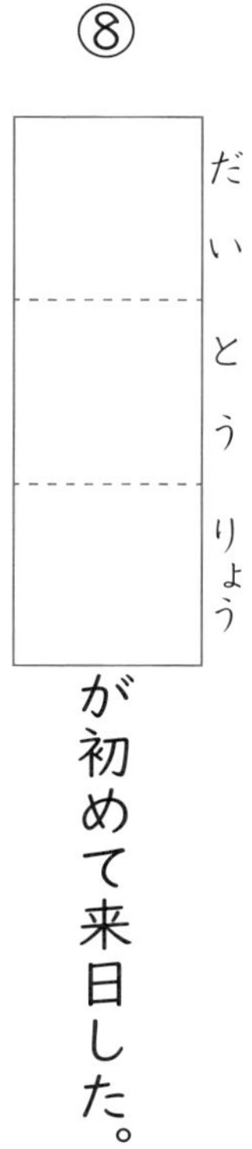（だいとうりょう）が初めて来日した。

ヒント

2 ⑥「ひきいる」、⑦「りつ」を「卒」と書かないように注意しましょう。

# 大造(だいぞう)じいさんとガン (2)

書いて覚えよう！

教 233ページ

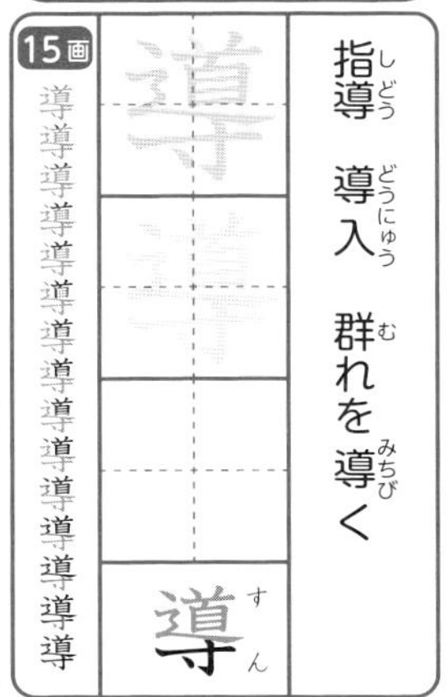


教 242ページ

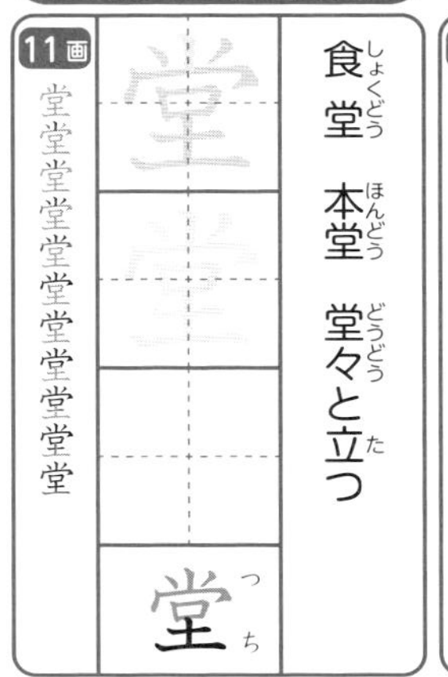

「導」の十五画目の「乛」を書きわすれないようにしよう。

「堂」の一～三画目を「ツ」と書かないように注意しましょう。

**1** 読みがなを書きましょう。 28点（一つ4）

①生徒を 指導 する。（　　）

②半導体 を輸出する。（　　）

③仲間を 導 く。（　　）

④席に 導 く。（　　）

⑤堂々 とした姿(すがた)。（　　）

⑥本堂 でおがむ。（　　）

⑦食堂 に行く。（　　）

うらのページに続くよ！

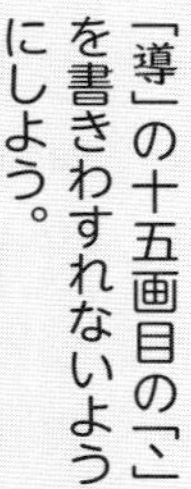

## 2 あてはまる漢字を書きましょう。

72点（ひとつ9）

① 馬車が、パレードを［せんどう］する。

② 新しい方法を［どうにゅう］する。

③ ［どうかせん］にひをつける。

④ かんとくが選手を［しどう］する。

⑤ 兄の助言が、チームを勝利へと［みちび］いた。

⑥ 児童会があるので［こうどう］に集まる。

⑦ 人気メニューを求めて［しょくどう］に急ぐ。

⑧ メンバー全員が［いちどう］に会して話し合う。

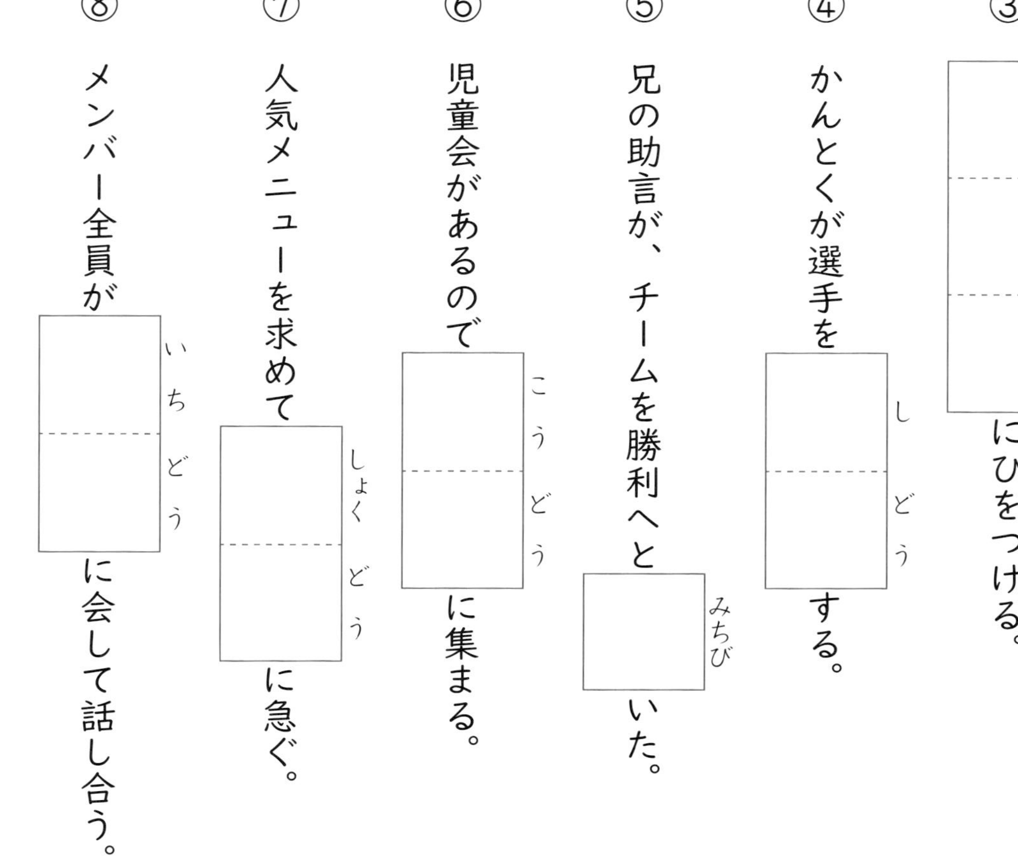


ヒント 2 ①②③④「どう」を、同じ読み方の漢字の「道」と書かないように注意しましょう。

# 一月から三月に習った漢字と言葉

## 1 漢字の読みがなを書きましょう。

16点（一つ2）

① 自動車を輸送（　）する。

② 博士の講演（　）。

③ 会社を経営（　）する。

④ 相手の領地（　）は広い。

⑤ 持久走（　）のレース。

⑥ 枝先（　）につぼみがつく。

⑦ 平均（　）の水準に達する。

⑧ 可燃物（　）を分別する。

## 2 あてはまる漢字を書きましょう。

24点（一つ3）

① □□（りょうし）の船。

② □□（ひょう）がかかる。

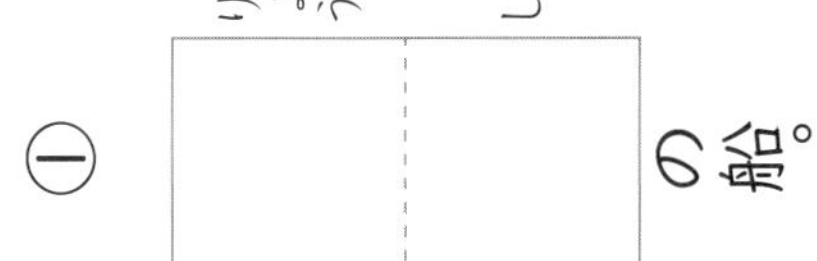

③ □□（そんしつ）を減らす。

④ □□（えいせい）的な環境（かんきょう）。

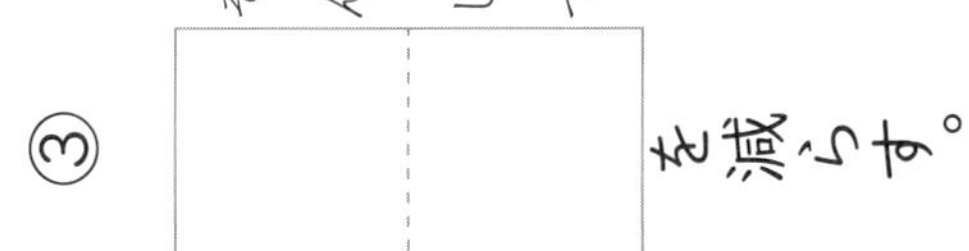

⑤ 家の□□（しゅうい）を歩く。

⑥ 実験を成功に□（みちび）く。

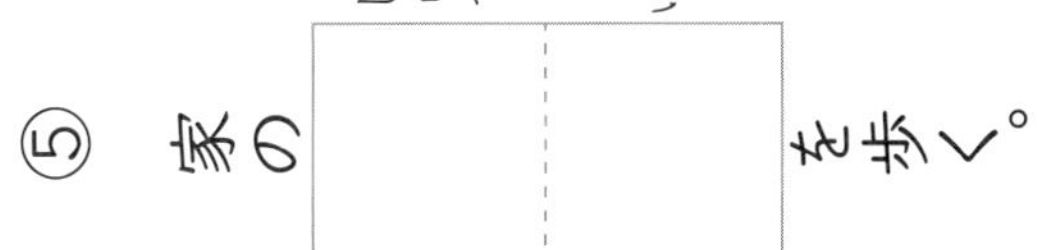

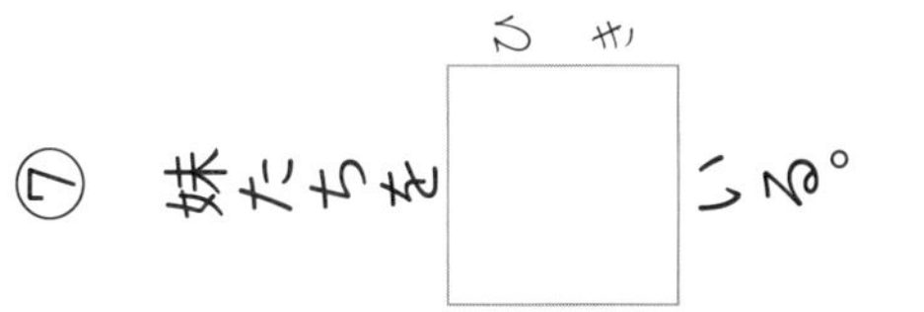

⑦ 妹たちを□（ひき）いる。

⑧ 家族が□□（だんけつ）する。

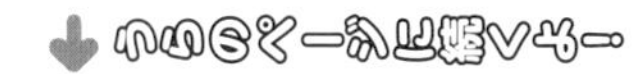

うらのページに続くよ！

**3** 同じ訓読みをもつ漢字を正しく書きましょう。 24点(一つ4)

① いる
ア カバンを気に□る。
イ 今日は家に□る。

② つとめる
ア 兄が司会を□める。
イ 勉学に□める。

③ ならす
ア 暑さに体を□らす。
イ チャイムを□らす。

**4** 次の上と下の――線の熟語は同じ読み方をします。□に入る漢字を書きましょう。 24点(一つ4)

① 製作――絵画の□作。
② 資料――□料を食べる牛。
③ 行動――講□に集まる。
④ 開放――□方に向かう。
⑤ 工作――田畑を□作する。
⑥ 駅長――□鳥が飛来する。

**5** 次の〈例〉では矢印の向きに読む熟語ができます。〈例〉と同じきまりで、□にあてはまる漢字を考えて書きましょう。 12点(一つ4)

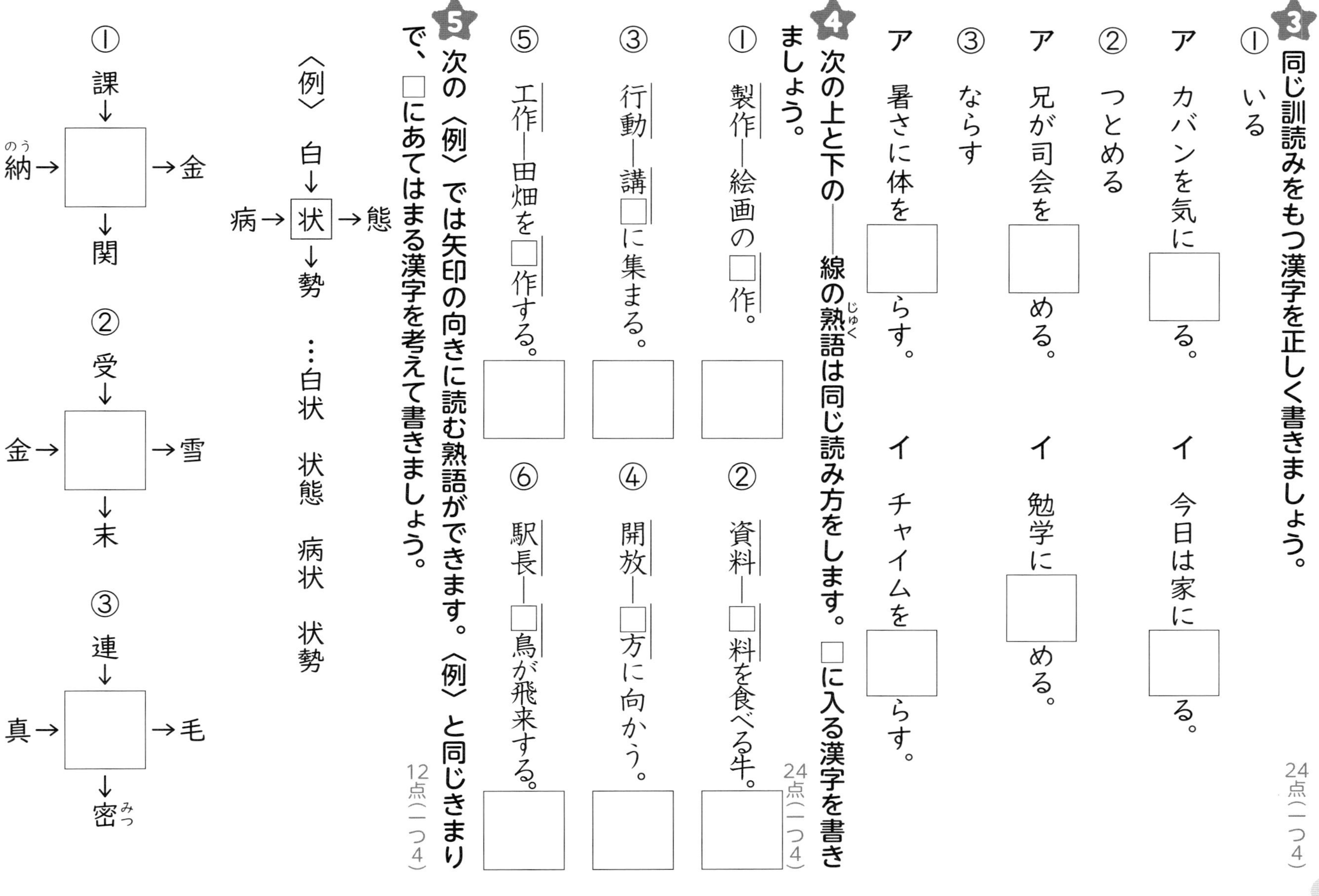

# 答え

●ドリルやホームテストが終わったら、答え合わせをしましょう。
●まちがっていたら、必ずもう一度やり直しましょう。

## 1. 漢字のふく習 1～2ページ

❶ ①ぶんるい ②はいち ③あんないず ④ひがん ⑤いばら ⑥はたら ⑦かんさつ ⑧おぼ

❷ ①要望 ②借 ③便利 ④反省 ⑤初 ⑥信念 ⑦栄養 ⑧記録

❸ ①にいがた ②かながわ ③えひめ ④はくぶつかん ⑤あさ ⑥かいさつ ⑦さくや ⑧かんせい ⑨かだい ⑩なお

❹ ①宮城 ②滋賀 ③奈良 ④百貨店 ⑤印刷 ⑥関心 ⑦機械 ⑧日光浴

**考え方**

❷ ④「省」には「セイ」「ショウ」「はぶく」の読み方があります。

❸ ⑩「治」の訓読みには「おさめる」「おさまる」などもあります。

❹ ④「貨」を形が似(に)た漢字の「賀」と書かないようにしましょう。
⑥「感心」「寒心」、⑦「機会」「器械」の同音異義(いぎ)語に注意しましょう。

## 2. きほんのドリル 3～4ページ

❶ ①そうぞう ②けい ③しんじょう ④なさ ⑤いんしょう ⑥ぜったい ⑦た

❷ ①像 ②経験 ③経 ④表情 ⑤情 ⑥対象 ⑦象 ⑧絶景

## 3. きほんのドリル 5～6ページ

❶ ①あつ ②にゅうしょう ③ねんがじょう ④よろこ ⑤き ⑥りかい ⑦と

❷ ①厚紙 ②金賞 ③賞状 ④病状 ⑤喜 ⑥喜色満面 ⑦解決 ⑧解

## 4. きほんのドリル 7～8ページ

❶ ①ないよう ②ようき ③ぎじゅつ ④しゅじゅつ ⑤てきせつ ⑥とっきょ ⑦ゆる

❷ ①容器 ②競技 ③特技 ④美術館 ⑤芸術 ⑥適度 ⑦許容 ⑧許

## 5. きほんのドリル 9～10ページ

❶ ①きょか ②ふくすう ③こうせい ④さくら ⑤どうぞう

❷ ①可決 ②複合語 ③構図 ④構 ⑤桜 ⑥八分 ⑦一丸 ⑧銅貨

## 6. きほんのドリル 11～12ページ

❶ ①やぶ ②おさ ③しゅうふく ④ちゃくがんてん ⑤てい

❷ ①破 ②読破 ③修理 ④回復 ⑤外 ⑥老眼鏡 ⑦停車 ⑧直

## 7. きほんのドリル 13～14ページ

❶ ①そふぼ ②じゅんび ③そな ④ぼうえき ⑤あんい

❷ ①先祖 ②祖父母 ③赤飯 ④準決勝 ⑤予備 ⑥備 ⑦貿易 ⑧易

## 8. きほんのドリル 15～16ページ

❶ ①じっさい ②せいけつ ③しつもん ④ほうこく ⑤つ

❷ ①国際 ②愛犬 ③不潔 ④潔白 ⑤品質 ⑥報道 ⑦広告 ⑧告

## 9. きほんのドリル 17～18ページ

❶ ①しょぞく ②ふぞく ③たし ④たし ⑤せいかく ⑥いしき ⑦ちしき

❷ ①金属 ②配属 ③確 ④確 ⑤確実

⑥知識　⑦識別　⑧無意識

## 10 まとめのドリル　19〜20ページ

1
①やぶ　②けっぱく　③ひょうしき
④こくさい　⑤じゅんび
⑥しょうじょう・よろこ
⑦ふくしゅう・たし　⑧きんぞく・ようき
⑨あつ・ほうがん

2
①複数　②質問　③分解　④事情
⑤貿易　⑥技術　⑦銅像・修理
⑧許可・報告　⑨祖母・桜

**考え方**

1 ②「潔白」とは「心や行いが正しく、やましいところがない」という意味です。
⑨「厚い」は「熱い」「暑い」との使い分けに注意しましょう。

2 ①「複」は形が似た漢字の「復」と書きまちがえないように注意しましょう。
⑤「易」には「エキ」「イ」「やさしい」の読み方があります。
⑦「像」は形が似た漢字の「象」と書きまちがえないように注意しましょう。

## 11 きほんのドリル　21〜22ページ

1
①げんいん　②つく　③にあ　④かぎ
⑤りゅうがくせい

2
①要因　②西部　③丸太　④木造
⑤似顔絵　⑥限定　⑦留守番　⑧留

## 12 きほんのドリル　23〜24ページ

1
①ひょうげん　②あらわ　③ちょくせつ
④おう　⑤おおぜい　⑥かこう　⑦かわ

2
①現実　②現　③接近　④応　⑤応
⑥勢力　⑦勢　⑧大河

## 13 きほんのドリル　25〜26ページ

1
①れきだい　②しじつ　③せかいし
④しんかんせん　⑤みき　⑥まね
⑦しょうたい

2
①前歴　②歴史　③日本史　④幹事　⑤幹
⑥招待状　⑦招集　⑧手招

## 14 きほんのドリル　27〜28ページ

1
①く　②にちじょう　③じゅんじょ
④むしゃ　⑤ぶし

2
①句点　②文句　③常識　④常日　⑤序文
⑥古典　⑦武術　⑧力士

## 15 きほんのドリル　29〜30ページ

1
①しりょう　②しきん　③ちょうさ
④せいべつ　⑤かのうせい
⑥ひこうかい　⑦そうごうてき

2
①資金　②資　③査定　④性質　⑤非公式
⑥非常口　⑦総合　⑧総力

## 16 きほんのドリル　31〜32ページ

1
①はか　②こうしゃ　③おうろ
④こうえん　⑤しゅうかん

2
①測　②天体観測　③計　④宿舎　⑤駅舎
⑥往来　⑦演技　⑧朝刊

## 17 きほんのドリル　33〜34ページ

1
①ひりょう　②せいし　③しゃざい
④つみ　⑤ぼうふう

2
①肥料　②製糸　③製品　④牛肉　⑤感謝
⑥無罪　⑦暴力　⑧暴

## 18 きほんのドリル　35〜36ページ

1
①ぼうすい　②こうせき　③こうせき
④こころざし　⑤こうかい

2
①防音　②防　③鉄鉱石　④成績　⑤志
⑥志望校　⑦男性　⑧航路

## 19 きほんのドリル　37〜38ページ

1
①むちゅう　②ちょうへん　③けんあく
④むだん　⑤きょうかいせん

2
①夢中　②編成　③編　④険　⑤険
⑥油断　⑦心境　⑧角

## 20 きほんのドリル　39〜40ページ

1
①たいど　②ぎゃくほうこう　③さか
④さか　⑤ばん　⑥はんだん　⑦すいあつ

2
①事態　②逆転　③逆立　④逆　⑤大判

⑥判定　⑦左右　⑧圧力

## 21 夏休みのホームテスト　41～42ページ

1 ①いんしょう　②へんしゅう　③せいぞう
④やぶ　⑤せつぞく　⑥ていりゅう
⑦そな　⑧ぶし

2 ①逆　②往復　③原因　④重複　⑤調査
⑥清潔　⑦夢　⑧構内

3 ①エ・キ　②イ・オ　③ウ・カ　④ア・ク

4 ①ア熱・イ暑・ウ厚　②ア計・イ量・ウ測

5 ①績　②幹　③舎　④易　⑤暴　⑥刊
⑦演　⑧航

**考え方**

1 ②「編」には「あむ」という訓読みもあります。
⑥「留」には「リュウ」「ル」「とめる」「とまる」の読み方があります。

2 ②「往」は形が似た字の「注」「住」と書きまちがえないようにしましょう。
②④「復」「複」は形が似ているので、書きまちがえないように気をつけましょう。

3 「銅」の音読みは「ドウ」、「際」の音読みは「サイ」であることに注目しましょう。

4 同訓異字の使い分けに注意して、それぞれ書きましょう。

5 同音異義語の問題です。それぞれ意味を考えて、正しい漢字を書きましょう。

## 22 きほんのドリル　43～44ページ

1 ①とくい　②え　③くら　④たいひ
⑤せいじ　⑥きょうみ　⑦しめ

2 ①得点　②得　③比　④政府　⑤興味
⑥興　⑦示　⑧表示

## 23 きほんのドリル　45～46ページ

1 ①しゅちょう　②は　③こじん　④ささ
⑤しはいにん　⑥まよ　⑦じつざい

2 ①出張　②個別　③一個　④支　⑤支店
⑥迷　⑦現在　⑧在

## 24 きほんのドリル　47～48ページ

1 ①ひと　②べんとう　③てんけん
④てい　⑤よ

2 ①独　②独立　③弁当箱　④検査
⑤真面目　⑥提出　⑦寄　⑧寄付

## 25 きほんのドリル　49～50ページ

1 ①あま　②よぶん　③ほとけ　④ぶつぞう
⑤か　⑥こうか　⑦き

2 ①余　②余計　③仏　④仏教　⑤貸　⑥貸
⑦有効　⑧効

## 26 きほんのドリル　51～52ページ

1 ①じょうけん　②じょうやく　③ようけん
④たも　⑤ほかん　⑥ひょうか　⑦ていか

2 ①条約　②条件　③事件　④保　⑤保育園
⑥評判　⑦好評　⑧定価

## 27 きほんのドリル　53～54ページ

1 ①さんせい　②つま　③ふさい
④こ　⑤ま　⑥こんざつ　⑦しょうりゃく

2 ①賛同　②妻　③妻子　④混　⑤混戦
⑥雑談　⑦雑木林　⑧戦略

## 28 きほんのドリル　55～56ページ

1 ①さいしゅう　②と　③なまもの
④きんし　⑤きん　⑥しょうじょ
⑦かのうせい

2 ①採決　②採　③生魚　④禁物　⑤中止
⑥男女　⑦可能　⑧能力

## 29 まとめのドリル　57～58ページ

1 ①てんけん　②まよ　③ていしゅつ
④じょうたい　⑤げんしょう
⑥ふさい・に　⑦じょうけん・しめ
⑧おおぜい・さんせい
⑨こうえん・こんざつ

2 ①応答　②個別　③感謝　④保育園
⑤効果　⑥国境　⑦復興・寄付
⑧歴史・招　⑨判断・評価

**考え方**

**1** ⑧「おうぜい」と書かないように注意しましょう。

⑨「混」には「コン」「まじる」「こむ」などの読み方があります。

**2** ⑤「効果」を同音異義語の「高価」と書きまちがえないようにしましょう。

⑦「興」には「コウ」「キョウ」の読み方があります。

## 30 きほんのドリル 59～60ページ

**1** ①す ②かてい ③ゆた ④ぶんぷ ⑤げんしょう

**2** ①通過 ②日程 ③豊 ④豊作 ⑤毛布 ⑥布 ⑦森林 ⑧加減

## 31 きほんのドリル 61～62ページ

**1** ①ほご ②ふたた ③さいけん ④ぞうか ⑤ふ ⑥しょうにん ⑦せき

**2** ①弁護 ②再 ③再来週 ④増水 ⑤増 ⑥証言 ⑦重責 ⑧責

## 32 きほんのドリル 63～64ページ

**1** ①にんめい ②まか ③とうけい ④さんか ⑤にさんかたんそ ⑥せってい ⑦もう

**2** ①責任感 ②任 ③伝統 ④酸味 ⑤酸素 ⑥質素 ⑦設置 ⑧設

## 33 きほんのドリル 65～66ページ

**1** ①きょうじゅ ②きこうぶん ③ざいさん ④さんみゃく ⑤そしき

**2** ①博士 ②授業 ③教授 ④紀元 ⑤文化財 ⑥人脈 ⑦組織 ⑧織

## 34 きほんのドリル 67～68ページ

**1** ①けんちく ②きず ③きゅうどう ④しんきゅう ⑤きそく ⑥げんそく ⑦ちょきん

**2** ①新築 ②築 ③復旧 ④旧友 ⑤定規 ⑥規則 ⑦法則 ⑧貯水池

## 35 きほんのドリル 69～70ページ

**1** ①しんがた ②げんけい ③けつえき ④きほん ⑤がく ⑥ひたい ⑦じこ

**2** ①小型化 ②典型的 ③液体 ④原液 ⑤基地 ⑥金額 ⑦額 ⑧故

## 36 きほんのドリル 71～72ページ

**1** ①ふ ②すく ③ほんかくてき ④しょくいんしつ ⑤いどう

**2** ①本名 ②婦人服 ③救 ④救急車 ⑤性格 ⑥職業 ⑦移住 ⑧移

## 37 きほんのドリル 73～74ページ

**1** ①はか ②いぎ ③ころ ④まず ⑤しゅっぱんしゃ

**2** ①墓 ②墓地 ③正義 ④殺 ⑤殺風景 ⑥貧 ⑦版画 ⑧後

## 38 きほんのドリル 75～76ページ

**1** ①の ②じゅつご ③きじゅつ ④かり ⑤かり ⑥かせつ ⑦かせつ

**2** ①述 ②記述 ③前述 ④述語 ⑤仮 ⑥仮 ⑦仮説 ⑧仮面

## 39 まとめのドリル 77～78ページ

**1** ①しょくいん ②ふ ③はんそく ④きじゅん ⑤いどう ⑥ちょきん・がく ⑦じこ・へ ⑧かいちく・にってい ⑨ふうき・きやく

**2** ①復旧 ②証言 ③分布図 ④保護 ⑤山脈 ⑥財産 ⑦伝統・責任 ⑧再・仮面 ⑨授業・液体

**考え方**

**1** ②「増」には「ゾウ」「ます」「ふえる」「ふやす」の読み方があります。

⑥「額」には「ガク」「ひたい」の読み方があります。

⑧「改築」とは「建物の全部、または一部を建て直す」という意味です。

**2** ③「布」の一・二画目の書き順に注意し

ましょう。「ノ」が先です。
⑦「責」の「貝」の部分を「月」と書かないようにしましょう。

## 40 冬休みのホームテスト 79〜80ページ

1 ①ぞうげん ②はいふ ③かこ ④たがく ⑤せいじか ⑥はんが ⑦せっとく ⑧しじ

2 ①余計 ②墓 ③設備 ④新築 ⑤禁止 ⑥仏教 ⑦豊 ⑧救助

3 ①十一・さんずい ②十一・てへん ③十一・うかんむり ④十・にんべん

4 ①質・賛 ②態・能 ③職・織 ④測・則

5 ①程 ②護 ③略 ④格 ⑤証 ⑥効

**考え方**

1 ①「増減」は、反対の意味の漢字を組み合わせた熟語(じゅくご)です。
②「配布」は「多くの人に広く行きわたるように配る」という意味です。同音異(い)義語に「関係する人、一人一人に配る」という意味の「配付」があります。
⑧「支持」は「他の人の意見や行いに賛成し、応えんする」という意味です。同音異義語に「他の人に指図する」「指し示す」という意味の「指示」があります。

2 ②「墓」は形の似た漢字の「基」と書きまちがえないようにしましょう。

3 ①「液」の部首は「さんずい」です。
③「寄」の部首は「うかんむり」で、三画です。

4 ①「さんどうを得て」なので、正しくは「賛同」です。
②「かのうな限り」なので、正しくは「可能」です。
③「調査するそしき」なので、正しくは「組織」です。
④「国際的なきそく」なので、正しくは「規則」です。

5 前後にある漢字をヒントにして考えましょう。

## 41 きほんのドリル 81〜82ページ

1 ①しいく ②か ③わたげ ④いま ⑤じゅうきょ ⑥えいえん ⑦えいきゅう

2 ①飼育 ②綿 ③綿花 ④居間 ⑤転居 ⑥末永 ⑦永久 ⑧久

## 42 きほんのドリル 83〜84ページ

1 ①しょうどく ②えいぎょう ③ぼうはん ④こうぎ ⑤こうし

2 ①消毒 ②毒 ③運営 ④営 ⑤犯罪 ⑥講習 ⑦教師 ⑧医師

## 43 きほんのドリル 85〜86ページ

1 ①せいりょくてき ②しみず ③かわら ④やおや ⑤くだもの ⑥まいご ⑦めがね

2 ①精神 ②清水 ③川原(河原) ④八百屋 ⑤果物 ⑥迷子 ⑦眼鏡 ⑧下手

## 44 きほんのドリル 87〜88ページ

1 ①しゅうかん ②しゅうい ③ふりえき ④さいがい ⑤えだわ

2 ①慣例 ②包囲 ③有益 ④防災 ⑤魚市場 ⑥正夢 ⑦小枝 ⑧歩

## 45 きほんのドリル 89〜90ページ

1 ①ひよう ②しょくひ ③ぜいきん ④たいせい ⑤じんこうえいせい ⑥のうこうちたい ⑦たがや

2 ①消費税 ②税金 ③制度 ④制限 ⑤衛生 ⑥衛星 ⑦耕作 ⑧耕

## 46 きほんのドリル 91〜92ページ

1 ①そんがい ②こな ③へいきん ④ゆにゅう ⑤だんたいせん

2 ①破損 ②雪合戦 ③粉薬 ④花粉 ⑤小麦粉 ⑥均等 ⑦輸送 ⑧団結

## 47 きほんのドリル 93〜94ページ

1 ①じむ ②かい ③も ④ひき ⑤とうりょう

2
①義務 ②船旅 ③角 ④快晴 ⑤燃
⑥率 ⑦確率 ⑧大統領

## 48. きほんのドリル 95～96ページ

1
①しどう ②はんどうたい ③みちび
④みちび ⑤どうどう ⑥ほんどう
⑦しょくどう

2
①先導 ②導入 ③導火線 ④指導
⑤導 ⑥講堂 ⑦食堂 ⑧一堂

## 49. 学年末のホームテスト 97～98ページ

1
①ゆそう ②こうえん ③けいえい
④りょうち ⑤じきゅうそう ⑥えださき
⑦へいきん ⑧かねんぶつ

2
①漁師 ②費用 ③損失 ④衛生 ⑤周囲
⑥導 ⑦率 ⑧団結

3
①ア入・イ居 ②ア務・イ努
③ア慣・イ鳴

4
①制 ②飼 ③堂 ④快 ⑤耕 ⑥益

5
①税 ②粉 ③綿

考え方

2 ④「衛生」は、同音異義語の「衛星」と書きまちがえないように注意しましょう。

3 ②ア「務める」は「役目を果たす」という意味で、イ「努める」は「努力する」という意味です。

4 ①「製作」は「物品などを作る」という意味で、「制作」は「芸術作品を作る」という意味です。使い分けに注意しましょう。
④「快方」とは「病気やけがが治って状態がよくなってくる」という意味です。
⑤「耕作」とは「田畑を耕して作物を作る」という意味です。
⑥「益鳥」とは「有害な虫などを食べ、人間のためになる鳥」という意味です。

5 ②「粉」には「フン」「こ」「こな」の読み方があります。
③「綿」には「メン」「わた」の読み方があります。